Gerenciamento de projetos

Central de Qualidade — FGV Management

ouvidoria@fgv.br

PUBLICAÇÕES
FGV Management

SÉRIE CADEMP

Gerenciamento de projetos

2ª edição

João Ricardo Barroca Mendes

André Bittencourt do Valle

Marcantonio Fabra

FGV cademp

FGV EDITORA

Direitos desta edição reservados à
EDITORA FGV
Rua Jornalista Orlando Dantas, 37
22231-010 — Rio de Janeiro, RJ — Brasil
Tels.: 0800-021-7777 — (21) 3799-4427
Fax: (21) 3799-4430
editora@fgv.br — pedidoseditora@fgv.br
www.fgv.br/editora

Impresso no Brasil / *Printed in Brazil*

1ª edição – 2009; 1ª reimpressão – 2009; 2ª e 3ª reimpressões – 2010; 4ª e 5ª reimpressões – 2011; 6ª, 7ª e 8ª reimpressões – 2012; 9ª e 10ª reimpressões – 2013; 2ª edição – 2014; 1ª reimpressão – 2014.

Revisão de originais: Sandra Frank
Editoração eletrônica: FA Studio
Revisão: Aleidis de Beltran e Fernanda Villa Nova de Mello
Capa: aspecto:design
Ilustração de capa: André Bethlem

Mendes, João Ricardo Barroca, 1966-
Gerenciamento de projetos / João Ricardo Barroca Mendes, André Bittencourt do Valle, Marcantonio Fabra. – 2. ed. – Rio de Janeiro : Editora FGV, 2014.

220 p. – (Série CADEMP (FGV Management))

Publicações FGV Management.
Inclui bibliografia.
ISBN: 978-85-225-1406-9

1. Administração de projetos. I. Valle, André. II. Fabra, Marcantonio. III. FGV Management. IV. Fundação Getulio Vargas. V. Título. VI. Série.

CDD – 658.404

Aos alunos, que estão sempre nos lembrando
da nossa condição de eternos aprendizes,
e aos colegas de jornada acadêmica.

Sumário

Apresentação

Este livro compõe as Publicações FGV Management, programa de educação continuada da Fundação Getulio Vargas (FGV).

A FGV é uma instituição de direito privado, com mais de meio século de existência, gerando conhecimento por meio da pesquisa, transmitindo informações e formando habilidades por meio da educação, prestando assistência técnica às organizações e contribuindo para um Brasil sustentável e competitivo no cenário internacional.

A estrutura acadêmica da FGV é composta por nove escolas e institutos, a saber: Escola Brasileira de Administração Pública e de Empresas (Ebape), dirigida pelo professor Flavio Carvalho de Vasconcelos; Escola de Administração de Empresas de São Paulo (Eaesp), dirigida pela professora Maria Tereza Leme Fleury; Escola de Pós-Graduação em Economia (EPGE), dirigida pelo professor Rubens Penha Cysne; Centro de Pesquisa e Documentação de História Contemporânea do Brasil (Cpdoc), dirigido pelo professor Celso Castro; Escola de Direito de São Paulo (Direito GV), dirigida pelo professor Oscar Vilhena Vieira; Escola de Direito do Rio de Janeiro (Direito Rio), dirigida pelo professor Joaquim Falcão; Escola de Economia de São Paulo (Eesp), dirigida pelo professor Yoshiaki Nakano; Instituto Brasileiro de Economia (Ibre), dirigido pelo professor Luiz Guilherme Schymura de Oliveira; e Escola de Matemática Aplicada (Emap), dirigida pela professora Maria Izabel Tavares Gramacho. São diversas unidades com a marca FGV, trabalhando com a mesma filosofia: gerar e disseminar o conhecimento pelo país.

Dentro de suas áreas específicas de conhecimento, cada escola é responsável pela criação e elaboração dos cursos oferecidos pelo Instituto de Desenvolvimento Educacional (IDE), criado em 2003, com o objetivo de coordenar e gerenciar uma rede de distribuição única para os produtos e serviços educacionais produzidos pela FGV, por meio de suas escolas. Dirigido pelo professor Rubens Mario Alberto Wachholz, o IDE conta com a Direção de Gestão Acadêmica pela professora Maria Alice da Justa Lemos, com a Direção da Rede Management pelo professor Mário Couto Soares Pinto, com a Direção dos Cursos Corporativos pelo professor Luiz Ernesto Migliora, com a Direção dos Núcleos MGM Brasília e Rio de Janeiro pelo professor Silvio Roberto Badenes de Gouvea, com a Direção do Núcleo MGM São Paulo pelo professor Paulo Mattos de Lemos, com a Direção das Soluções Educacionais pela professora Mary Kimiko Magalhães Guimarães Murashima, e com a Direção dos Serviços Compartilhados pelo professor Gerson Lachtermacher. O IDE engloba o programa FGV Management e sua rede conveniada, distribuída em todo o país e, por meio de seus programas, desenvolve soluções em educação presencial e a distância e em treinamento corporativo customizado, prestando apoio efetivo à rede FGV, de acordo com os padrões de excelência da instituição.

Este livro representa mais um esforço da FGV em socializar seu aprendizado e suas conquistas. Ele é escrito por professores do FGV Management, profissionais de reconhecida competência acadêmica e prática, o que torna possível atender às demandas do mercado, tendo como suporte sólida fundamentação teórica.

A FGV espera, com mais essa iniciativa, oferecer a estudantes, gestores, técnicos e a todos aqueles que têm internalizado o conceito de educação continuada, tão relevante na era do conhecimento na qual se vive, insumos que, agregados às suas práticas, possam contribuir para sua especialização, atualização e aperfeiçoamento.

Rubens Mario Alberto Wachholz
Diretor do Instituto de Desenvolvimento Educacional

Sylvia Constant Vergara
Coordenadora das Publicações FGV Management

Introdução

Gerenciar projetos tem sido definido como a aplicação de conhecimento, habilidades, ferramentas e técnicas às atividades do projeto, a fim de atender aos seus requisitos (PMI, 2013a). Este livro proporciona uma visão abrangente sobre esses conhecimentos, habilidades e técnicas. Para isso, decidimos que o livro deveria ter como coluna mestra um estudo de caso de um projeto no qual, em todos os capítulos, os exemplos básicos de cada técnica e teoria são baseados. Assim, você, leitor, pode ter uma visão de conjunto sobre a gerência de projetos. Para tanto, esse estudo de caso deveria ter as seguintes características:

- ser inteligível e interessante para você;
- ser simples o suficiente para não sobrecarregar o livro, mas ser complexo o suficiente para demonstrar cada ferramenta/técnica, por exemplo, envolvendo mais de uma organização, tendo produtos com padrões de qualidade e apresentando riscos importantes.

Discutimos alternativas que iam desde a organização de uma festa até um projeto de tecnologia, mas todas pareceram inadequadas de uma forma ou outra. Finalmente, tivemos a ideia de tomar um evento histórico, interessante para qualquer pessoa, e fazer adaptações, não só para demonstrar o uso das técnicas modernas de gerenciamento, como também para fazer uma paródia da realidade brasileira.

O tema escolhido foi a construção da tumba de um faraó. Não se trata de uma tentativa de recriar esse tipo de empreendimento de forma realista, mas usá-lo como base para aspectos interessantes do gerenciamento de projetos. Dessa forma, em nossa paródia, o faraó receberá e-mails e o projeto será submetido a regras de segurança ambiental. Além disso, certos aspectos foram simplificados ou adaptados para que fossem mais pertinentes do ponto de vista didático. Esperamos que esse estudo de caso torne o livro mais interessante, e que você consiga encontrar paralelos entre os exemplos e sua própria realidade.

O livro está estruturado em seis capítulos.

O capítulo 1 aborda como os projetos surgem nas organizações, em um processo que deve culminar na criação do termo de abertura. Também fala da questão do escopo do projeto de alguns aspectos tangíveis da organização de pessoas.

No capítulo 2, tratamos da criação do cronograma, o que talvez tenha a maior visibilidade em gerenciamento de projetos.

No capítulo 3, é realizado um estudo sobre custo, aquisição e riscos em projetos.

O capítulo 4 trata de comunicação e qualidade e do relacionamento entre essas duas áreas.

No capítulo 5, apresentamos os chamados planos subsidiários de projeto, incluindo gestão de mudanças.

O capítulo 6 abrange os aspectos de execução e controle do projeto, bem como o modo de proceder ao seu encerramento de forma adequada.

1 Estruturação inicial

Como mencionado na introdução, seguiremos um projeto desde seu início. Trata-se da construção da tumba do faraó Ramsés XIII, líder da Casa Real (organização cliente). O projeto estará a cargo de um experiente funcionário da Empreiteira Nilo, chamado Imhotep. Neste capítulo analisaremos como surgiu o empreendimento e acompanharemos Imhotep em seus primeiros contatos com ele.

Começaremos apresentando alguns conceitos básicos sobre projetos. Depois, veremos como eles são selecionados e nascem nas organizações. Além disso, tomaremos contato com as primeiras ferramentas de gerenciamento, tais como: o termo de abertura, que autoriza um projeto, e a estrutura analítica do projeto (EAP), que define seu escopo.

O que é um projeto?

Se vamos gerenciar um projeto, é bom sabermos de que se trata. O Instituto de Gerenciamento de Projetos, ou Project

Management Institute — PMI (2013a) —, define projeto como um esforço temporário empreendido para criar um produto, serviço ou resultado único.

Vemos logo que para um esforço ser considerado projeto ele precisa ser temporário, isto é, precisa ter definidas as datas para seu início e seu término. Se alguém começa um esforço mas não define uma data para terminá-lo, não pode chamar isso de projeto, ou, pelo menos, não conseguirá usar a maioria das técnicas específicas de gerenciamento. Em nosso exemplo, o faraó combinou com o gerente uma duração aproximada de 28 meses.

Um projeto também precisa gerar algo único. Se tivermos uma linha de produção, podemos ter produtos virtualmente indistinguíveis uns dos outros, e, assim, é relativamente simples estabelecer uma rotina. Mas projetos se caracterizam precisamente pela falta de rotina, ou seja, pela presença do inesperado. Em parte isso se deve ao fato de que nenhum empreendimento é igual a outro. Podemos ter construído dezenas de grandes tumbas semelhantes, sem nenhum problema grave, mas nada impede que, nesse caso específico, aconteçam eventos inesperados que ajudem ou atrapalhem o gerente.

Outro motivo da presença da incerteza vem do fato de os projetos serem progressivamente elaborados, isto é, em seu início raramente temos especificações detalhadas no nível que precisamos. De fato, faz parte do trabalho aumentar progressivamente o conhecimento sobre ele mesmo. No início de nosso empreendimento podemos ter uma especificação básica com as dimensões aproximadas da tumba, bem como seu estilo arquitetônico. Mas somente quando tivermos terminado o trabalho de desenho de arquitetura e das plantas de engenharia, poderemos ter informação suficiente para planejarmos a construção com os detalhes necessários.

Como os projetos surgem?

Com frequência, quando um gerente de projeto é envolvido em um empreendimento, este já existe. A decisão de executá-lo já foi tomada e, por isso, alguns gerentes não se preocupam com ela. Mas Imhotep é um gerente experiente e sabe que deve questionar as razões de criação dos projetos que executa se quiser ter sucesso em cumpri-las.

Segundo o PMI (2013a), os projetos surgem quando uma organização demanda ações que não podem ser executadas dentro de seus limites operacionais normais. Essas ações são (ou deveriam ser) consequência (ou ao menos compatíveis com) de uma necessidade estratégica identificada. Dessa maneira, projetos surgem de considerações de negócio, como:

- uma visão estratégica – quando o faraó decide modificar a organização do exército de modo a aumentar o poderio do Egito na região;
- uma demanda legal – quando uma mudança na lei ambiental força a reforma de uma barragem em um afluente do rio Nilo;
- um avanço tecnológico – quando a descoberta do aço leva a um projeto de modernização das armas do exército do faraó;
- uma demanda de mercado – quando um aumento do consumo de papiro faz com que a Casa Real autorize a expansão da área irrigada para sua produção.

Em nosso caso, Imhotep identificou, na verdade, duas causas básicas para o projeto:

- uma requisição do cliente – do ponto de vista da Empreiteira Nilo, o projeto Tumba do Faraó surge em resposta a uma solicitação da Casa Real. Nesse caso, a motivação, tipicamente, é um ganho financeiro mais ou menos imediato;

- uma necessidade organizacional – do ponto de vista da própria Casa Real, a construção da tumba permite atingir um objetivo estratégico de qualidade de além-vida para o faraó, além de representar um símbolo de poder e prestígio para a organização.

O gerente de projeto deve compatibilizar esses dois pontos de vista, priorizando o ponto de vista do cliente, mesmo quando existirem pressões em contrário na sua própria organização.

Programas

Existem algumas necessidades que não podem ser resolvidas com um único projeto. Nesse caso, o faraó poderia criar um programa. O PMI (2013b:9) define um programa como

> um grupo de projetos relacionados, subprogramas e atividades de programas que são gerenciados de forma coordenada para obter benefícios que não estão disponíveis a partir de gerenciamento individual.

Por exemplo, digamos que o faraó tenha problemas com a segurança interna do reino. Além de altos níveis de criminalidade, bandidos se escondem em bairros mais pobres e os confrontos com a guarda real acabam gerando vítimas inocentes. Além disso, a falta de segurança afeta grandes eventos promovidos pelo faraó, como a Festa de Rá. Nenhuma ação individual resolverá o problema, de modo que é necessário que diversas ações sejam feitas de maneira coordenada, a fim de que os benefícios almejados sejam atingidos.

Assim, programas são formados de vários componentes, e a maioria deles são projetos, mas também podem incluir outros trabalhos. A expressão "outros trabalhos" descreve uma série de atividades específicas, realizadas sob a coordenação do gerente de programa, mas que não estão diretamente ligadas aos projetos individuais dentro do mesmo. "Outros trabalhos" podem incluir atividades como treinamento, planejamento de novos componentes e gestão do esforço e infraestrutura necessários para controlar o programa. Mesmo não fazendo parte dos projetos, essas atividades podem ser financiadas no âmbito do programa e gerenciadas por seu gerente.

Uma diferença importante entre o gerente de projeto e o gerente de programa está em seus respectivos objetivos. O foco do primeiro é entregar o escopo combinado, dentro da qualidade definida e nos limites de custo e prazo combinados. Não é sua responsabilidade se o faraó escolheu o projeto errado para atingir seus objetivos. Por outro lado, é responsabilidade do gerente de programa gerar os benefícios para o qual este foi criado. Se todos os seus projetos forem entregues conforme combinado, mas ele falhar em, por exemplo, reduzir a criminalidade e aumentar o fluxo de peregrinos para a Festa de Rá, ele terá fracassado.

Seleção de projetos e programas para o portfólio

A construção da tumba do faraó não é o único projeto ativo da Casa Real nem da Empreiteira Nilo. Isso é normal. O problema é que nenhuma organização tem recursos infinitos. É inevitável que os interesses dos diversos executivos, sejam estratégicos ou não, façam surgir demandas por mais projetos do que ela tem condições de empreender dentro de seu horizonte de planejamento. Na verdade, Kendall e Rollins (2003) afirmam que a maioria das empresas cai na armadilha de ter bem mais projetos ativos do que seria adequado para a capacidade disponível de seus recursos. Isso faz com que elas acabem terminando menos projetos do que teriam se escolhessem um grupo menor e mais adequado de empreendimentos ativos. Esse resultado pode não ser imediatamente intuitivo, mas fica evidente se analisarmos os efeitos negativos que o excesso de multitarefa e a falta de priorização podem ter na produtividade das equipes.

A expressão "portfólio de projetos" tem sido usada cada vez mais para definir o grupo de empreendimentos que uma organização se propõe a executar. O PMI (2013c) define portfólio de projetos como uma coleção de projetos e programas que são agrupados de forma a facilitar seu gerenciamento e alinhamento com os objetivos estratégicos da empresa. O núcleo do gerenciamento de portfólio é composto pelas tarefas de avaliação e seleção dos projetos. Se feitas de forma correta, essas tarefas garantem o alinhamento do portfólio com a estratégia da empresa. Enquanto o gerenciamento de projetos se preocupa em executar o trabalho corretamente, o gerenciamento de portfólio se preocupa em definir qual é o trabalho correto a ser feito.

Meredith e Mantel (2000) têm uma abordagem interessante para a questão da seleção de projetos. Eles lembram que existe uma série de modelos (não numéricos, numéricos financeiros, numéricos não financeiros) que são fundamentais para auxiliar na seleção, mas é importante lembrar que:

- modelos não tomam decisões. Pessoas tomam decisões. É a gerência sênior que precisa assumir a responsabilidade, e esta não pode ser delegada a uma mera planilha eletrônica;
- não importa o quanto sejam sofisticados, todos os modelos são apenas representações parciais da realidade. O que, no fundo, é um dos motivos pelos quais a decisão final precisa estar na mão dos gestores e não ser automatizada por um procedimento simplista.

Mesmo que façamos uma boa seleção, ainda temos uma questão adicional não menos importante. Podemos ter livrado os projetos selecionados da competição com outros dispensáveis, mas eles ainda têm de competir entre eles. Quando um membro da equipe recebe solicitações simultâneas de vários projetos, ele precisa decidir o que fazer primeiro. A grande questão é induzir que todas as pessoas na empresa tomem essas decisões de forma consistente. Quando os líderes não definem claramente as prioridades – por exemplo, quando definem tudo como prioritário –, cada indivíduo, do técnico mais qualificado ao estagiário, usará seus próprios critérios para definir o que fará primeiro. Com todos remando em direções diferentes é inevitável que a maior parte dos projetos sofra atrasos.

Nosso empreendimento em particular recebeu o nível máximo de prioridade para a Casa Real, mesmo competindo com outros projetos que geram retorno financeiro. Essa é uma boa notícia para Imhotep! Mas nosso gerente ainda precisa lidar com a possibilidade de que as outras organizações envolvidas não vejam esse empreendimento com o mesmo nível de importância. Também há a possibilidade de que a Casa Real não seja consistente em seguir a escala de prioridades definida pela alta gerência. Infelizmente este é um fenômeno comum que só se resolve pela persistência e pelo exemplo dos líderes da organização. Nosso próximo assunto pode ajudar nesse problema.

Project management office (PMO) – escritório de projetos

Existem vários tipos de estruturas organizacionais. Há aquelas que são orientadas a projetos, em que o gerente de projetos comanda equipes dedicadas a eles. Existem aquelas chamadas de matriciais, em que se tenta criar algum equilíbrio entre o poder do gerente de projeto e o dos gerentes funcionais. E, finalmente, existe o tipo mais antigo e mais comum de estrutura: a funcional.

A estrutura funcional ou hierárquica é aquela que é a natural aos primatas e, entre eles, nós humanos. Basta observar um grupo de crianças brincando para que, depois de algum tempo, fique claro quem é a garota CEO, quem pertence à diretoria da molecada e quem são os garotos estagiários, relegados ao mais baixo nível de prestígio social. Nós nos sentimos instintivamente confortáveis quando conseguimos identificar de maneira clara quem é o nosso chefe e qual é a nossa equipe. O grande problema da estrutura funcional é que, embora ela seja eficiente para controlar rotinas em que cada um tem um papel bem-definido, ela é péssima para integrar pessoas que pertençam a pontos diferentes dentro da hierarquia. Infelizmente os projetos, particularmente aqueles estratégicos, tendem a atravessar a empresa e envolver vários departamentos.

Para resolver esse dilema, cada vez mais organizações têm utilizado uma ferramenta de gestão conhecida como PMO, o escritório de projetos ou *project management office*. De acordo com o PMI (2013a), um escritório de projetos (PMO) é uma unidade organizacional que centraliza e coordena o gerenciamento de projetos sob seu domínio. De maneira ainda mais simples, podemos dizer que é uma área, assessoria ou departamento cuja função é melhorar o gerenciamento de projetos da organização. Essas são definições abrangentes, e existe uma enorme gama de diferentes tipos de PMOs, compartilhando pouca coisa além do nome e do objetivo geral.

O tipo que mais interessa para a organização funcional é o chamado PMO estratégico. Recomenda-se que ele seja uma área colocada próxima à presidência da organização, agindo como uma assessoria especial para implementação estratégica.

Kendall e Rollins (2003) colocam como objetivos básicos do PMO estratégico:

- promover reuniões regulares de um comitê de alto nível para governança do portfólio;
- facilitar a escolha do *mix* correto de projetos pelo comitê;
- apoiar a priorização corporativa de projetos pelo comitê e seu cumprimento pelas equipes;
- desenvolver e manter um sistema de informações gerenciais sobre projetos;
- definir e manter uma metodologia (não burocrática) de gerenciamento de projetos;
- diminuir os tempos de ciclo dos projetos;
- implantar e gerenciar as ferramentas e software de gerenciamento de projetos;
- executar ações corretivas nos principais problemas relacionados a gerenciamento de projetos;
- ajudar projetos em dificuldades, e assim gerar valor não só para a alta gerência, mas também para todos os níveis da organização;
- prover treinamento, *mentoring* e suporte em gerenciamento de projetos;
- ser um ponto central de arquivamento de lições aprendidas e documentação sobre projetos;
- realizar o marketing interno do PMO, comunicando seus benefícios e realizações.

A Casa Real, cliente de nosso projeto, recentemente começou a implantação de um PMO estratégico. Infelizmente, essa implantação não recebeu o apoio necessário do faraó e fez pouco mais do que estabelecer uma metodologia. Pelo menos, o PMO conseguiu estabelecer a importância de um documento chamado "termo de abertura do projeto", e foi criado um para nosso empreendimento.

Termo de abertura

Em muitas organizações, projetos surgem sem nenhuma formalização. Por exemplo, um diretor chama o futuro gerente de projeto a sua sala, explica em poucas palavras de que trata o empreendimento que deseja, informa um prazo e um custo desejados e dispensa o pobre gerente, gastando um total de 15 minutos em todo o processo. Projetos que surgem dessa forma só por muita sorte conseguem entregar aquilo de que a organização realmente precisa.

Após inúmeros casos de fracasso, o PMO da Casa Real conseguiu convencer o faraó de que eles precisavam de um modo de autorizar o início dos projetos de forma que os gerentes recebessem um mínimo de informações claras e que, ao mesmo tempo, desse a eles a autoridade necessária para usar os recursos da organização. Isso determinou a criação de um documento simples, chamado "termo de abertura", ou *project charter*, que contivesse as informações necessárias e fosse assinado (física ou eletronicamente) por um gestor com autoridade suficiente para respaldar o empreendimento.

É importante frisar que o gerente de projeto é o receptor do termo de abertura e não o responsável por sua criação. Sem termo de abertura não há projeto e, logo, não há gerente do projeto. No entanto, o futuro gerente pode, eventualmente, participar da sua criação, dando apoio ao executivo que o emite.

Quando os projetos são terceirizados, o termo de abertura criado pelo cliente deve servir de base para a elaboração das solicitações de propostas e, principalmente, do contrato. Esse foi o caso de nosso empreendimento. Imhotep recebeu uma cópia do termo de abertura, que tinha sido incorporada ao contrato entre a Casa Real e a Empreiteira Nilo.

Adaptamos o termo de abertura criado por Sotille (2006) para criar o quadro 1. Nele vemos o anúncio de quem é o gerente do projeto e a definição de suas responsabilidades e de sua autoridade. Ele declara, por exemplo, que Imhotep, apesar de ser terceirizado, tem autoridade para coordenar funcionários da Casa Real. O documento também mostra a visão da empresa sobre o projeto, seus objetivos e seu escopo, entre outras informações importantes.

Quadro 1

TERMO DE ABERTURA DO PROJETO TUMBA DO FARAÓ

1. **Designação do gerente de projeto**

   Foi designado o sr. Imhotep, da Empreiteira Nilo, como gerente do projeto Tumba do Faraó.

2. **Responsabilidades do gerente de projeto**

   - Elaborar o plano de projeto.
   - Controlar as atividades do projeto, incluindo aquelas executadas pela Casa Real e seus fornecedores.
   - Manter todos os envolvidos, em particular o patrocinador, informados a respeito do projeto.
   - Empreender ações necessárias que façam com que o projeto seja entregue como combinado.

3. **Autoridade do gerente de projeto**

   - Gerir os recursos financeiros alocados ao projeto, autorizando seu uso.
   - Coordenar as atividades de funcionários da Empreiteira Nilo, da Casa Real e de terceiros contratados por ambos, desde que a participação esteja claramente definida no plano do projeto.

4. **Objetivo:** Construir uma tumba para o faraó.

5. **Justificativa:** O faraó deseja uma tumba que garanta sua qualidade de além-vida, bem como esteja à altura de suas diversas realizações em vida, de modo a aumentar seu prestígio.

6. **Escopo:** Aquisição do terreno no Vale dos Reis, com impacto ambiental aprovado, construção e aparelhamento adequado de uma tumba com:

   - comprimento total entre 160 m e 175 m;
   - área total entre 760 m^2 e 780 m^2;
   - volume total entre 2.500 m^3 e 2.750 m^3.

7. **Premissas**

   - O terreno já foi escolhido e será adquirido pela área de compras da Casa Real após licença ambiental.
   - A guarda da Casa Real oferecerá segurança física ao projeto.

8. **Restrições**

   - A tumba será no estilo Amarna em eixo torcido.
   - Devem ser seguidas, dentro dos limites do contrato, as práticas da Casa Real sobre gerenciamento de projetos.

continua

9. Riscos identificados

- ❑ Em que pese à boa saúde do faraó, preocupa a possibilidade de seu falecimento antes do final do projeto.
- ❑ Inimigos políticos do faraó podem atrapalhar a obtenção de certidões necessárias.

10. Principais marcos

1. Terreno adquirido
2. Obra civil pronta
3. Fim do projeto

11. Datas do marco

1. 12 meses
2. 24 meses
3. 28 meses (prazo final)

12. Custo do marco

1. 4 milhões de moedas de ouro
2. 12 milhões de moedas de ouro
3. 9 milhões de moedas de ouro

Total: 25 milhões de moedas de ouro

13. Principais envolvidos

- ❑ Empreiteira Nilo
- ❑ Casa Real
- ❑ Guilda dos escribas – gerente da conta Casa Real
- ❑ Governo – prefeitura e órgãos ambientais

Aprovado por: Sua Majestade, o faraó Ramsés XIII 

No quadro 1 aparece a justificativa do projeto, que representa as necessidades de negócio que devem ser atendidas, bem como o escopo preliminar do projeto, que define o que precisa ser feito para atendê-las. Se examinarmos essas informações, fica claro que podem ser expressas de duas formas fundamentais:

- ❑ subjetiva – como quando falamos do aparelhamento *adequado* da tumba. No fundo, queremos dizer com isso que as pinturas e objetos devem agradar ao gosto do faraó;
- ❑ objetiva – como quando dizemos que a tumba deve ter entre 160 m e 175 m.

Informações objetivas são mensuráveis, de modo a não deixar dúvidas quanto a seu cumprimento. O mesmo não se pode dizer das informações colocadas de forma subjetiva. Por isso, deve-se evitá-las, já que criam um alto risco para o projeto. No entanto, isso nem sempre é possível. O fato é que a decoração da tumba deve ser agradável ao faraó e não existem instrumentos objetivos para medir a opinião pessoal de um ser humano, a não ser, é claro, suas próprias declarações.

No quadro 1 vemos também dois outros conjuntos particularmente importantes de informação: as premissas e as restrições. Premissas são fatores que, para fins de planejamento, são considerados verdadeiros, reais ou certos sem prova ou demonstração (PMI, 2013a). Já uma restrição é uma condição que limita as opções da equipe de projeto. Restrições são, tipicamente, impostas pelo cliente, enquanto premissas são combinadas com ele. De qualquer forma, se uma premissa não se demonstrar verdadeira ou se uma restrição se mostrar impraticável, o gerente deve levar a questão imediatamente ao cliente, já que é quase certo que ela terá impacto sobre o projeto. Falaremos de novo sobre isso em gestão de mudança, no capítulo 5.

De posse do termo de abertura, Imhotep começa a trabalhar. Logo ele desenvolverá sua própria visão, mais detalhada, do empreendimento, e a documentará em uma declaração do escopo. Essa é uma espécie de resposta do gerente de projeto ao termo de abertura.

Escopo do projeto versus escopo do produto

O quadro 1 nos oferece a oportunidade de discutirmos uma importante distinção que gera muitas dificuldades de compreensão para o gerente de projetos iniciante. Trata-se da diferença entre o escopo do produto e o escopo do projeto.

O escopo do produto é a base de todo o planejamento do projeto. São as características e funções que descrevem um produto, serviço ou resultado. Em nosso exemplo, a descrição do tamanho da tumba e do seu estilo arquitetônico são exemplos de escopo do produto. É a partir dessas definições do que o projeto deve produzir que Imhotep pode tomar suas decisões de planejamento. O escopo do produto é normalmente definido em detalhes em documentos técnicos.

Escopo do projeto é o trabalho que precisa ser realizado para entregar um produto, serviço ou resultado com as características e funções especificadas. Em alguns casos, este escopo é derivável, de forma clara e inequívoca, a partir do escopo do projeto. Se temos de produzir uma tumba, é claro que o trabalho de escavação está incluído no escopo do projeto. Em outros casos, entretanto, o escopo do projeto é fruto de acordo ou da experiência dos envolvidos. Em nosso exemplo, a questão de segurança dos trabalhos na tumba aparece como parte do escopo do projeto, mesmo que isso não seja evidente na própria descrição da tumba. Derivar o escopo do projeto a partir do escopo do produto é uma tarefa que começa na elaboração do termo de abertura, que deve se preocupar com esses dois aspectos do escopo, mas toma toda sua dimensão na criação, pelo gerente, do plano de projeto. Adiante, veremos a principal ferramenta que auxiliará Imhotep nessa atividade: a estrutura analítica do projeto (EAP).

Estrutura organizacional do projeto

Como dito na introdução, gerenciar projetos pode ser definido como a aplicação de conhecimento, habilidades, ferramentas e técnicas às atividades, a fim de atender aos seus requisitos (PMI, 2013a). No entanto, podemos abordar o gerenciamento de projetos de outra maneira e dizer que se trata de atender expectativas (explícitas e implícitas) das diversas partes interessadas – em particular, mas não somente, o cliente. No capítulo 4 veremos em maior profundidade como identificar e gerenciar essas partes interessadas. Por enquanto nossa preocupação será identificar um subconjunto específico: aqueles que estão diretamente envolvidos nas atividades do projeto.

Uma das primeiras preocupações de Imhotep ao receber o termo de abertura foi procurar pelas pessoas e organizações que fariam o trabalho. Para tanto, uma seção óbvia é a lista dos principais envolvidos, mas devemos lembrar que o termo de abertura é um documento preliminar, cujas informações precisam ser elaboradas. O gerente precisa conversar com os intervenientes (*stakeholders*) que conhece para descobrir os que não conhece. Nosso documento, no entanto, dá algumas pistas. Existe, por exemplo, uma premissa de que a guarda da Casa Real oferecerá segurança física. Precisamos saber quem representa a guarda para as necessidades do projeto. Assim, aos poucos, Imhotep constrói a estrutura organizacional mostrada na figura 1.

Essa estrutura organizacional não tem o mesmo significado de um organograma em uma empresa hierárquica. Ela não diz quem é chefe de quem, mas existe principalmente para:

- identificar os principais envolvidos em atividades do projeto. Mais tarde, na seção "Matriz de responsabilidade", ligaremos os envolvidos às suas responsabilidades;
- estabelecer os grupos de responsabilidade que formam as equipes especializadas. Esse agrupamento nos ajudará em "Estrutura analítica do projeto (EAP)" a detalhar o escopo;
- prover uma base para procedimentos de escalação de problemas. Devemos resolver preferencialmente os problemas nos níveis mais baixos e só subir na hierarquia após esgotarmos nossas opções.

Figura 1
ESTRUTURA ORGANIZACIONAL DO PROJETO

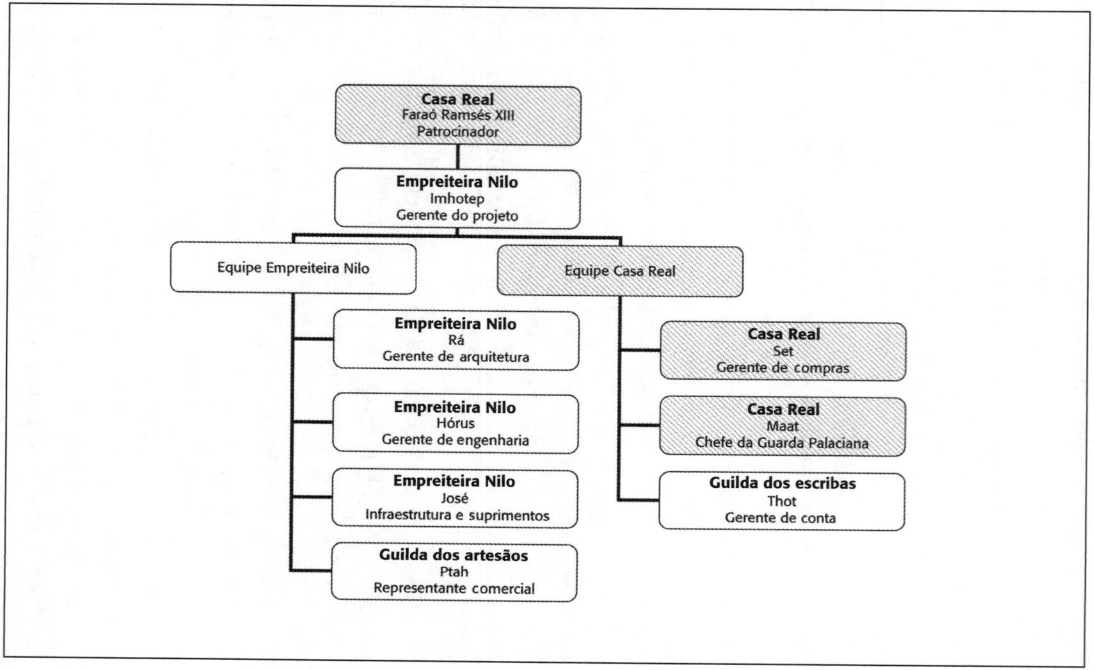

O papel mais alto dessa hierarquia é o do patrocinador, ou *sponsor*. O patrocinador atua como um elo entre o projeto e a organização permanente. É importante que tenha autoridade e prestígio na organização, mas é ainda mais vital que ele tenha interesse e disponibilidade em relação ao empreendimento. Imhotep teve sorte! Seu patrocinador é o próprio faraó, cujo grau de interesse é tal que ele pretende conceder reuniões periódicas ao gerente do projeto. Mas isso não quer dizer que cada pequeno problema deve ser levado ao faraó. Além desse patrocinador cliente, se Imhotep tivesse de competir por recursos dentro de sua própria organização, talvez fosse útil identificar um patrocinador dentro dela.

Estrutura analítica do projeto (EAP)

Quando o projeto começa, normalmente temos certo grau de informação sobre o escopo do produto, ou seja, as características e funções que descrevem um produto, serviço ou resultado (PMI, 2013a). Cabe ao gerente e à sua equipe derivarem desse escopo do produto qual é o escopo do projeto ou o trabalho que deve ser realizado para entregar um produto, serviço ou resultado com as características e funções especificadas (PMI, 2013a). A primeira ferramenta que nos ajudará nessa missão é chamada de estrutura analítica do projeto (EAP), ou *work breakdown structure* (WBS).

Gráfico da EAP

A EAP é uma maneira hierárquica, usualmente gráfica, de mostrar o escopo do projeto. Se você olhar para a figura 2, terá uma boa ideia do que trata o empreendimento.

Figura 2

ESTRUTURA ANALÍTICA DO PROJETO (EAP)

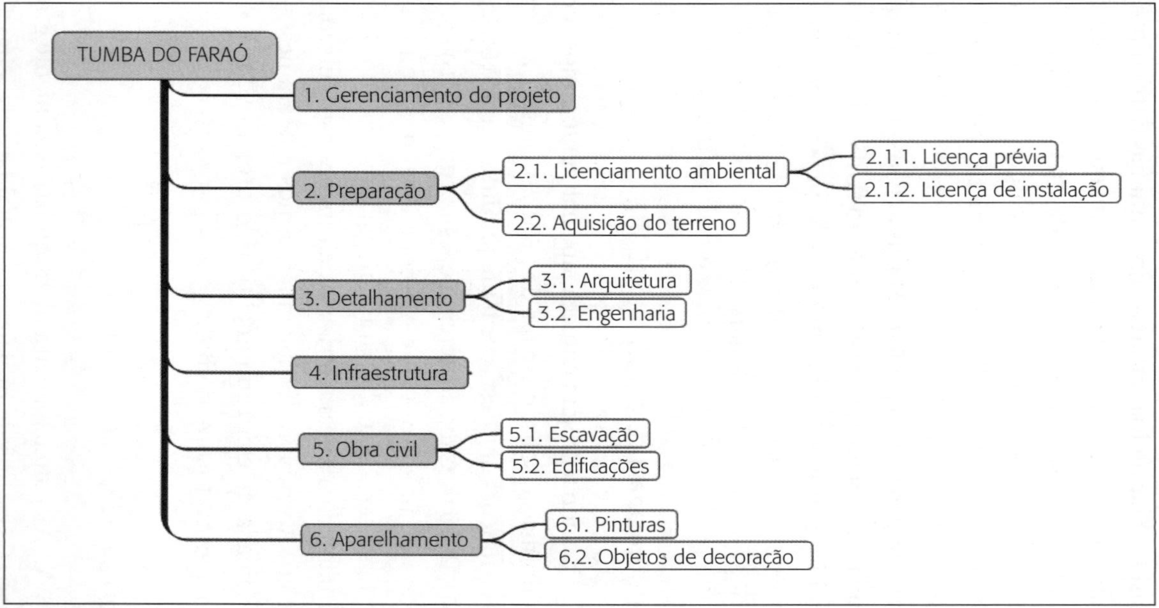

Cada elemento da EAP constitui uma entrega (produto final ou intermediário). Algumas entregas são mais simples, mostradas em níveis inferiores (por exemplo, licenciamento ambiental). As que não são decompostas são chamadas de pacotes de trabalho, ou *work packages* (por exemplo, escavação). A soma de todos os pacotes de trabalho representa 100% do projeto.

A rigor, a EAP é apenas uma estrutura hierárquica e pode ser mostrada como no quadro 2. Em qualquer das formas, cada elemento deve ter um código que represente sua posição na hierarquia. Em nossa EAP a licença prévia, por exemplo, tem código 2.1.1, o que significa que ela é o primeiro elemento do primeiro ramo da segunda grande entrega da EAP, que é preparação. No entanto, se for possível, coloque a EAP em seu formato gráfico. Dessa forma, ela pode ser apresentada em um único slide de uma apresentação. *Uma imagem vale mais que mil palavras.*

Quadro 2

EAP NO FORMATO DE UMA LISTA HIERÁRQUICA

1. Gerenciamento do projeto
2. Preparação
    - 2.1. Licenciamento ambiental
        - 2.1.1. Licença prévia
        - 2.1.2. Licença de instalação
    - 2.2. Aquisição do terreno
3. Detalhamento
    - 3.1. Arquitetura
    - 3.2. Engenharia
4. Infraestrutura
5. Obra civil
    - 5.1. Escavação
    - 5.2. Edificações
6. Aparelhamento
    - 6.1. Pinturas
    - 6.2. Objetos de decoração

Xavier (2005) dá alguns conselhos sobre a EAP na forma de 10 mandamentos que são bastante interessantes:

1. Cobiçarás a EAP do próximo – em vez de partir do zero, você deve buscar EAPs de projetos semelhantes.
2. Explicitarás todas as entregas, inclusive as necessárias ao gerenciamento do projeto – o gerenciamento do projeto faz parte do trabalho do projeto, logo deve aparecer no escopo do projeto.
3. Não usarás os nomes em vão – os nomes usados na EAP devem representar, para todos os envolvidos, o escopo do projeto. Nomes muito genéricos ou ambíguos devem ser evitados.
4. Guardarás as descrições dos pacotes de trabalho em um dicionário – veremos mais adiante o que aparece nesse dicionário.
5. Decomporás até o nível de detalhe que permita o controle das entregas – EAPs pouco detalhadas dificultam o acompanhamento do projeto. Por exemplo, se uma parte de um pacote de trabalho é entregue por um terceiro e outra parte é feita internamente, provavelmente é uma boa ideia aumentar a decomposição para mostrar isso.
6. Não decomporás em demasia – a EAP é um instrumento de controle gerencial com o objetivo de definir o escopo. Quando criarmos o cronograma teremos oportunidade de aumentar o detalhamento para dar conta das tarefas que devem ser executadas.
7. Criarás filhos que honrem o pai – ao decompor, não se deve colocar um pacote de trabalho em uma parte da EAP só porque não parece haver alternativa melhor. O nível seguinte explica o anterior, mas não deve acrescentar nada.
8. Decomporás de forma que a soma dos filhos represente 100% do pai – o nível inferior deve representar todo o

escopo definido para o nível superior. O planejamento é feito, normalmente, usando só os níveis inferiores da EAP. Se algo ficar de fora, certamente será esquecido na execução do projeto.

9. Não decomporás em somente uma entrega – se pensarmos nos dois mandamentos anteriores, ao decompor em só uma entrega, o filho se torna idêntico ao pai. Um dos dois estará redundante.
10. Não repetirás um mesmo elemento como componente de mais de uma entrega – embora possamos usar o mesmo nome em mais de uma entrega, cada entrega só pode aparecer uma única vez na EAP.

Mas como construir uma EAP? Segundo Sotille (2006), existem duas abordagens básicas para isso. Usamos a abordagem *top down* quando queremos nos orientar pelas fases do ciclo de vida ou principais entregas do projeto. Você pode vê-la no quadro 3.

Quadro 3
ABORDAGEM TOP DOWN PARA EAP

1. *Comece escrevendo o nome do projeto (nível 0)* – Tumba do Faraó.
2. *Inicie o segundo nível (nível 1) com uma entrega chamada gerenciamento do projeto.*
3. *Acrescente as fases ou grandes entregas do projeto* – preparação, obra civil etc.
4. *Para cada item do nível 1 acrescente produtos parciais e finais* – aquisição do terreno é um produto da fase de preparação.
5. *Faça o mesmo com os novos elementos até que tenha um nível de detalhe suficiente para controlar custos, prazos, responsabilidades, riscos e contratação.*

O modelo *top down* é o mais adequado, principalmente quando temos experiência prévia no tipo de projeto envolvido ou podemos reaproveitar EAPs de empreendimentos anteriores. É esse o caso de Imhotep. Mas quando não temos nem experiência prévia nem acesso a EAPs padronizadas, Sotille (2006) sugere uma alternativa. Trata-se da abordagem *bottom up*, mostrada no quadro 4.

Quadro 4
ABORDAGEM BOTTOM UP PARA EAP

1. *Liste as entregas individuais solicitadas pelo cliente. Serão os pacotes de trabalho.*
2. *Agrupe os pacotes de trabalho relacionados em grupos cujos nomes os sintetizem. Cada grupo deve ter de duas a oito entregas. Os grupos se tornam elementos da EAP.*
3. *Repita o processo com os elementos que acabou de criar até atingir o nível de projeto.*
4. *Revise a EAP perguntando se falta alguma entrega ou se algum nível parece incompleto.*

Qualquer que seja a abordagem, o importante é que a EAP esteja completa e bem-estruturada. Para isso, o gerente deve validá-la com os principais envolvidos, conforme mostrado na estrutura organizacional do projeto. Todos devem se comprometer com a versão final aprovada.

Lembre-se de que a EAP representa o total do escopo. Por definição, o que não está na EAP não está no projeto. No entanto, pode ser prudente documentar o que chamamos de exclusões explícitas. Uma exclusão explícita é uma declaração do que o projeto não vai fazer. Dessa maneira, você pode esclarecer um ponto que poderia gerar conflito no futuro.

Dicionário da EAP

Uma imagem pode valer mais que mil palavras, mas quando se trata de detalhamento você precisa de palavras. A EAP não é suficiente. Junto com ela você deve criar o *dicionário da EAP*, com a descrição detalhada de cada pacote de trabalho. Um exemplo para nosso projeto é dado no quadro 5.

Quadro 5

DICIONÁRIO DA EAP DO PROJETO TUMBA DO FARAÓ

1. Gerenciamento do projeto

Planejamento e controle das atividades do projeto. Devem ser seguidas, dentro dos limites do contrato, as práticas da Casa Real sobre gerenciamento de projetos. Inclui:

- elaboração do plano do projeto;
- controle de atividades, não só da equipe da contratada, mas da equipe da Casa Real e seus terceiros envolvidos;
- relatórios de acompanhamento.

2. Preparação

2.1. Licenciamento ambiental

2.1.1. Licença prévia

Obtenção da licença prévia para a obra, incluindo:

- obtenção da certidão da prefeitura;
- estudos de impacto ambiental (EIA), incluindo levantamento topográfico e planialtimétrico;
- elaboração do relatório de impacto ambiental (Rima) com as conclusões apresentadas no EIA;
- obtenção da licença prévia propriamente dita.

A licença prévia é concedida pelo órgão ambiental na fase preliminar do planejamento do empreendimento, aprovando sua localização e concepção, atestando a viabilidade ambiental e estabelecendo os requisitos básicos e condicionantes a serem atendidos nas próximas fases de sua implementação.

2.1.2. Licença de instalação

Obtenção da licença prévia para a obra, incluindo:

- elaboração do plano de controle ambiental (PCA) por profissional legalmente habilitado e acompanhado da anotação de responsabilidade técnica;
- obtenção da licença de instalação propriamente dita.

continua

A licença de instalação é a segunda fase do licenciamento ambiental, quando são analisados e aprovados os projetos executivos de controle de poluição e as medidas compensatórias, que compõem o plano de controle ambiental. Ela gera o direito à instalação do empreendimento e especifica as obrigações do empreendedor no que se refere às medidas mitigadoras dos impactos ambientais.

O prazo de validade da licença de instalação corresponde, no mínimo, ao estabelecido pelo cronograma de implantação do empreendimento.

2.2. Aquisição do terreno

Aquisição de um terreno, no Vale dos Reis, adequado para a construção da tumba. Essa entrega inclui:

- elaboração da proposta de compra;
- negociação;
- processo de aquisição e registro.

3. Detalhamento

3.1. Arquitetura

Desenho arquitetural da tumba em 3D, segundo as seguintes especificações:

- desenho no estilo Amarna em eixo torcido;
- comprimento total entre 160 m e 175 m;
- área total entre 760 m^2 e 780 m^2;
- volume total entre 2.500 m^3 e 2.750 m^3;
- mecanismos de proteção contra saqueadores;
- nichos para colocação de 150 a 200 estátuas.

3.2. Engenharia

Detalhamento de plantas e planos de engenharia, incluindo:

- cálculos estruturais;
- requisitos ambientais.

4. Infraestrutura

Montagem da infraestrutura para a obra, incluindo:

- vila de operários;
- canteiro de obras;
- segurança física contra saqueadores;
- disposição adequada de dejetos.

continua

5. Obra civil

5.1. Escavação

Abertura dos túneis necessários para a tumba na encosta do terreno.

5.2. Edificações

Construção da fachada da tumba e dos pilares e vigas de sustentação, bem como o acabamento do interior da tumba.

6. Aparelhamento

6.1. Pinturas

As pinturas da tumba devem incluir:

- fórmulas mágicas para garantia da além-vida do faraó;
- história das diversas realizações do faraó;
- coisas queridas ao faraó.

6.2. Objetos de decoração

Definição, encomenda, criação e colocação de 150 a 200 estátuas e peças artesanais de diversos tamanhos, representando deuses de preferência do faraó, além de outros temas queridos ao faraó.

Em nosso dicionário EAP colocamos apenas as descrições dos pacotes de trabalho. É comum que o gerente do projeto documente informações adicionais que ache necessárias, por exemplo: critérios de aceite por parte do cliente, padrões de qualidade aplicáveis e premissas específicas para o pacote de trabalho. O quadro 6 mostra o exemplo desse tipo de detalhamento.

Quadro 6
Dicionário EAP detalhado

3.1. Arquitetura

Descrição: desenho arquitetural da tumba em 3D, segundo as seguintes especificações:

- desenho no estilo Amarna em eixo torcido;

continua

- comprimento total entre 160 m e 175 m;
- área total entre 760 m² e 780 m²;
- volume total entre 2.500 m³ e 2.750 m³;
- mecanismos de proteção contra saqueadores;
- nichos para colocação de 150 a 200 estátuas.

Critérios de aceite: Após a entrega do relatório pela Nilo, a Casa Real terá 10 dias úteis para gerar uma avaliação por escrito. A Nilo fará as correções em 10 dias úteis. Após isso a Casa Real deverá verificar se as alterações pedidas foram cumpridas. Qualquer nova alteração será considerada mudança de escopo.

Premissas

- O faraó acompanhará a evolução dos desenhos, sugerindo alterações e guiando o trabalho dos arquitetos. Para isso, disponibilizará duas horas por semana para reunião.
- A Casa Real e seus parceiros responderão em tempo hábil e de forma correta e fiel aos formulários e questionários enviados.

Formato: Os diagramas serão entregues em arquivos Hathor CAD 1070 BC (v 17.0).

Matriz de responsabilidade

A matriz de responsabilidade é uma estrutura que relaciona o organograma do projeto com a EAP para ajudar a garantir que cada componente do escopo de trabalho do projeto seja atribuído a uma pessoa responsável (PMI, 2013a).

É importante que, para cada pacote de trabalho, exista apenas um responsável. De fato, isso pode ser um critério para definir se a EAP foi detalhada o suficiente. Ressalvado esse fato, pode haver responsáveis específicos no nível de atividades. Podemos ver, na figura 3, que José é responsável por toda a infraestrutura. Imhotep cobrará dele que tudo esteja de acordo com o planejado. Mas o próprio José pode cobrar de Maat que este cumpra sua parte no que se refere à segurança.

Apesar de termos só um responsável para cada coisa, podemos definir o papel que outras pessoas terão no mesmo trabalho. Podemos criar papéis que definam aprovadores, controladores, pessoas que precisam ser mantidas informadas ou mesmo que assumam o papel genérico de participante. Nesse último caso, podemos registrar em separado que tipo de participação se espera da pessoa.

Um recurso interessante é o de definir uma pessoa como corresponsável. Em tese isso é o mesmo que defini-la como participante. Lembre-se: só pode existir um responsável para cada coisa. No entanto, se chamamos alguém de corresponsável em vez de mero participante, estamos ajudando o verdadeiro responsável a manter essa pessoa envolvida na tarefa.

A matriz de responsabilidade da figura 3 tem múltiplas utilidades para Imhotep:

- definir quem é o responsável *único* para cada parte do projeto;
- caracterizar que o gerente do projeto controla todas as atividades, inclusive as executadas pelo cliente;
- definir os tipos de participação, tendo a preocupação de esclarecer o que se espera do participante. Para isso foram definidos índices: P_1 – fornece assessoria técnica, apoiando as escolhas; P_2 – fornece materiais e equipamentos; P_3 – cria protótipos e apoia a escolha de matérias-primas e estilos.

Neste capítulo acompanhamos como um projeto nasce e como ele deve ser ligado à estratégia da organização. Vimos que as organizações funcionais, que são as mais comuns, têm dificuldade em gerenciar projetos e tomamos contato com o PMO que, se for adequadamente implantado, é um caminho para melhorar essa situação.

Acompanhamos Imhotep recebendo o termo de abertura do projeto Tumba do Faraó e analisando-o para identificar os indivíduos e organizações diretamente envolvidos em sua estrutura organizacional. De posse dessa estrutura ele promoveu a construção da EAP e comprometeu todos com uma visão unificada do escopo do projeto. Finalmente, Imhotep ligou a estrutura organizacional à EAP por meio de uma matriz de responsabilidade. Foram todos passos importantes.

Figura 3
Matriz de responsabilidade

Projeto Tumba do Faraó	Casa Real				Empreiteira NILO				
	Ramsés XIII Patrocinador	**Set** Compras	**Maat** Guarda Palaciana	**Thot** Gerente de conta **Escribas**	**Imhotep** Gerente do projeto	**Hórus** Engenharia	**Rá** Arquitetura	**José** Infraestrutura e suprimentos	**Ptah** Guilda dos artesãos
1. Gerenciamento do projeto	A				R				
2. Preparação									
2.1. Impacto ambiental									
2.1.1. Licença prévia		A			C	R			
2.1.2. Licença de instalação		A			C	R			
2.2. Aquisição do terreno		R			C	P_1			
3. Detalhamento									
3.1. Arquitetura	A			P_1	C	P_1	R		P_1
3.2. Engenharia		A			C	R			
4. Infraestrutura								R	
Implantar segurança física	A		R		C				
Obras de infraestrutura			A		C	A		R	
5. Obra civil									
5.1. Escavação	A				C	R	A	P_2	
5.2. Edificações	A				C	R	A	P_2	
6. Aparelhamento									
6.1. Pinturas	A			R	C				
6.2. Objetos de decoração							R		
Definir e encomendar esculturas	A	R			C				P_3
Criar esculturas	A				C				R
Instalar esculturas	A				C	R			P_1

R = responsável; C = controla; A = aprova; P = participa.

No próximo capítulo, usaremos essa fundação para criar aquela que é a ferramenta mais característica do gerenciamento de projetos: o cronograma.

2 Definindo o cronograma

No capítulo anterior, Imhotep, o nosso gerente, estabeleceu *o que* o projeto deveria fazer. Agora ele passa à igualmente delicada tarefa de definir *como*. Veremos que a EAP é a grande ferramenta para nos ajudar a traduzir escopo em atividades. Acompanharemos passo a passo a elaboração de um cronograma usando a técnica mais simples para essa tarefa: CPM ou *critical path method*.

A seguir, abordaremos a questão de ajuste do cronograma a certas restrições de prazos e recursos. No primeiro caso, falaremos das técnicas de compressão de cronograma e, no segundo, da técnica de nivelamento de recursos.

O capítulo se encerra com três seções que introduzem técnicas mais sofisticadas de gerenciamento de cronogramas. Nessa parte, teremos de nos aprofundar um pouco no maravilhoso mundo da probabilidade e estatística. Com essa base, apresentaremos as técnicas PERT (*program evaluation and review technique*) e corrente crítica.

Da EAP à lista de atividades

Um dos erros mais comuns dos gerentes de projetos inexperientes é começar a criar uma lista de atividades a partir da simples pergunta: "Quais são as coisas que tenho de fazer nesse projeto?" Em um primeiro momento, essa abordagem parece óbvia e correta, mas Imhotep aprendeu que ela gera cronogramas desorganizados. A resposta do que ele tem de fazer não pode vir da reflexão sobre o projeto como um todo. Ela tem de vir naturalmente do detalhamento daquilo que ele se comprometeu a entregar. Temos uma ferramenta ótima para isto: a EAP.

Se cada pacote de trabalho da EAP representa uma parte do que o projeto tem de entregar, é muito melhor nos perguntarmos como procederemos para executar essa parte do que tentarmos fazer o mesmo com o projeto como um todo. Somando as tarefas de cada uma dessas partes, analisadas isolada e detalhadamente, obteremos as tarefas necessárias para completar todo o projeto. E essa lista de tarefas estará organizada segundo a EAP, o que a torna mais fácil de entender. Além disso, teremos menos chances de esquecer algo ou de colocar uma atividade extra que não pertença ao escopo combinado.

A figura 4 mostra a decomposição de um pacote de trabalho da EAP de Imhotep (4. Infraestrutura) em suas respectivas atividades. Note que, enquanto na EAP os componentes usualmente são colocados como substantivos (representando o que temos de entregar), as atividades são descritas usando frases que começam com verbos (representando as ações que temos de executar).

Figura 4

DECOMPOSIÇÃO EAP – LISTA DE ATIVIDADES

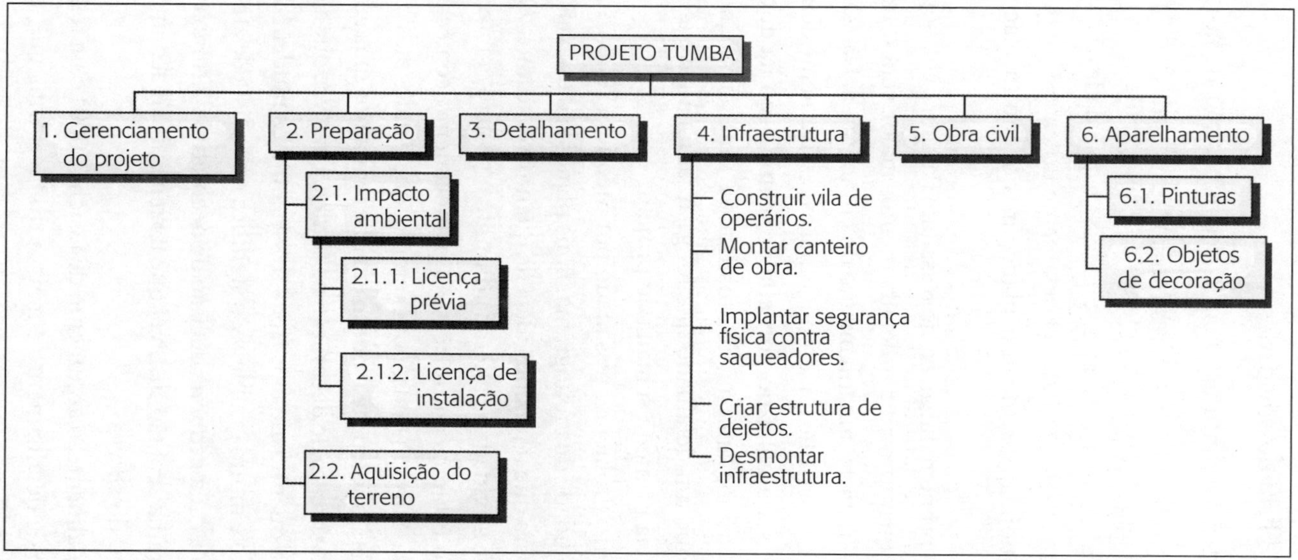

Quanto detalhar?

Podemos continuar com a decomposição de atividades em atividades cada vez menores. Muitos autores sugerem que quanto maior for o detalhamento do cronograma, mais preciso será o planejamento e maior será nossa capacidade de controle. Isso é uma meia-verdade! O detalhamento excessivo pode ser tão prejudicial quanto um planejamento muito macro, por várias razões.

Em primeiro lugar, como ressaltam Barcaui e colaboradores (2006), quanto maior o detalhamento, maior será o trabalho gerencial para acompanhamento do cronograma. Não são poucos os casos em que um cronograma excessivamente detalhado deixa de ser atualizado por falta de tempo. Não há dúvida de que um cronograma macro atualizado é uma ferramenta mais útil do que um detalhado que foi guardado na gaveta e abandonado na primeira semana do projeto.

Outro problema, ressaltado por Mendes (2006), se refere à instabilidade do cronograma. Bons planos são estáveis o suficiente para que tenhamos ideia de quanto avançamos. Quando a lista de atividades é alterada durante o projeto, a informação de como estamos em relação ao planejamento começa a ficar nebulosa. Suponhamos, por exemplo, que detalhemos o cronograma de Imhotep até o ponto em que tenhamos uma atividade para cada objeto de decoração na tumba. Uma vez que a chance de que a quantidade e os tipos desses objetos mudem durante o projeto é muito grande, isso significa que a lista de atividades mudará a cada pequena decisão de decoração da tumba. Nosso cronograma será tão instável que tornará difícil acompanhar a evolução do serviço.

Finalmente, o argumento de Leach (2000) com relação ao excesso de detalhamento é mais sutil. Ele afirma que, embora a acurácia de uma estimativa normalmente aumente com a quantidade de esforço aplicado a ela (o que inclui o aumento do detalhamento do cronograma), existe um limite mínimo para a precisão, que é chamado de "causa comum de variação". Não importa quanto esforço e técnica a equipe coloque em uma estimativa, você jamais poderá superar a precisão determinada pela causa comum de variação inerente à atividade. Além disso, em geral, temos muito mais sucesso aumentando o nível de detalhamento de tarefas procedimentais do que de atividades criativas. Isso porque as causas comuns de variação de tarefas criativas são muito maiores do que das tarefas procedimentais. Uma vez listadas as atividades, devemos pensar em como ordená-las, o que é feito pelo estudo das dependências entre atividades.

Tipos de dependências

Na elaboração do cronograma, Imhotep observa que nem todas as dependências que cria são do mesmo tipo. Quando definimos que antes de erguermos as paredes da casa devemos primeiro construir as fundações, estamos diante de um caso em que mudar a ordem dessas tarefas não faz sentido e levará ao fracasso do projeto. A maioria das dependências parece ser desse tipo.

Mas uma dependência, por exemplo, entre pintar as paredes e colocar os carpetes é de outro tipo. Certamente é possível inverter a ordem, ou executar as duas em paralelo, mas isso geraria o risco de a tinta sujar o carpete. Você, leitor, pode perceber a importância de identificar as dependências desse tipo se notar que elas representam uma oportunidade de diminuir o prazo do projeto e estiver disposto a correr algum risco. Voltaremos a esse assunto depois.

Chamamos as dependências do primeiro tipo de mandatórias e as do segundo tipo de não mandatórias, e resumimos da forma a seguir:

- dependências mandatórias – são aquelas em que a inversão é impossível ou seria totalmente contra o bom senso fazer em outra ordem;
- dependências não mandatórias – são decididas pela experiência da equipe, normalmente para evitar riscos. Também existem dependências não mandatórias que surgem de uma preferência expressa pelo cliente.

Essa classificação não encerra o assunto. Quando estamos criando uma dependência, na verdade estamos ligando duas atividades. Uma atividade é definida por dois eventos. Logo, existem quatro maneiras de conectar duas atividades, como ilustra a figura 5.

A primeira liga o término de uma atividade com o início da atividade seguinte (término-início). Mais de 90% dos cronogramas podem ser feitos usando exclusivamente esse tipo de dependência. No entanto, em algumas ocasiões pode ser útil usar as dependências mais exóticas:

- início-início – é usada quando queremos exprimir situações em que as tarefas têm de, obrigatoriamente, ser feitas em paralelo;
- término-término – é usada tipicamente quando temos uma atividade que deve ser executada nos últimos momentos de uma atividade maior;
- início-término – é usada quando o gerente opta por planejar o cronograma de trás para a frente, começando com a última atividade do projeto e seguindo até a primeira.

Figura 5
TIPOS DE DEPENDÊNCIAS

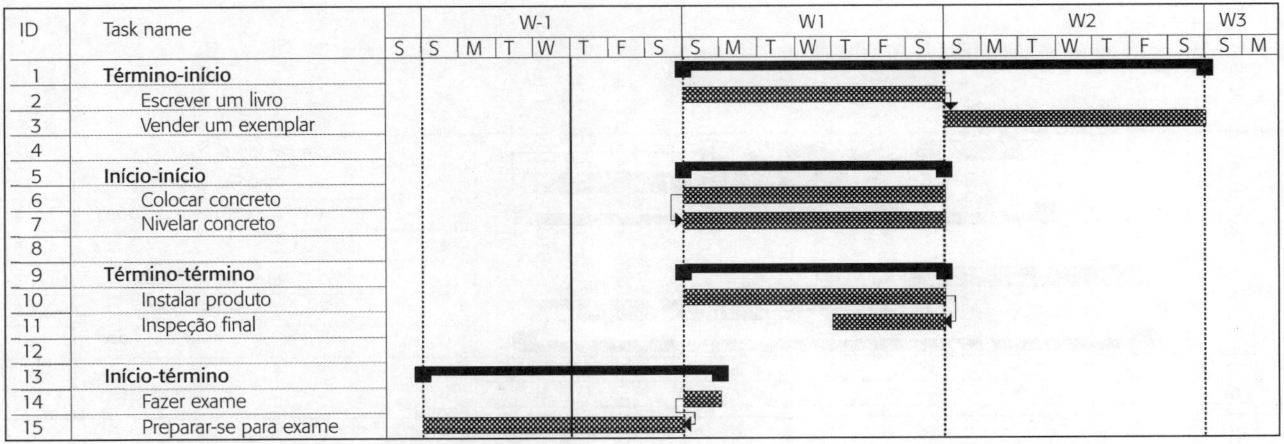

Figura 6

ESPERA E DIANTEIRA

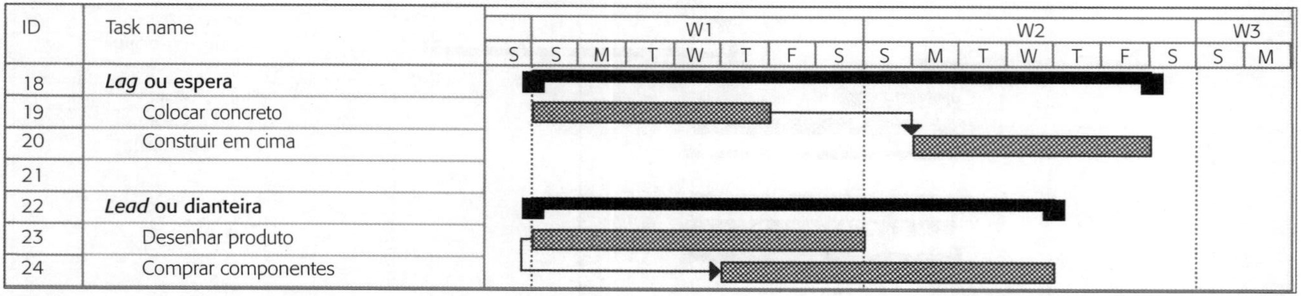

Além desses tipos básicos, podemos adicionar esperas ou dianteiras para modelar outros tipos de situação. A figura 6 mostra dois exemplos. No primeiro, temos o fato de que, apesar da dependência entre colocar concreto e construir em cima seja do tipo básico término-início, não podemos executar a segunda atividade imediatamente depois da primeira. Precisamos de um tempo de espera para o concreto secar. O segundo exemplo mostra como podemos fazer duas tarefas em paralelo, mas dando uma dianteira para a primeira delas de modo que ela esteja razoavelmente adiantada quando a segunda começar.

Estimativa de recursos

Segundo Barcaui e colaboradores (2006), a estimativa de recursos de uma atividade é a definição dos tipos de recursos necessários para a atividade, bem como sua quantidade necessária. Os tipos básicos de recursos são:

- pessoas – os recursos humanos que forem prealocados ao projeto, que sejam obtidos por terceirização ou por negociação interna da organização. Normalmente, não incluímos pessoas com pequenas participações e que tenham custo fixo na organização;
- equipamentos – equipamentos necessários que sejam significativos. Normalmente, não incluímos pás e picaretas ou outros equipamentos de disponibilidade razoavelmente ilimitada a baixo custo, mas incluímos equipamentos que tenham custo de uso ou que devam ser adquiridos especialmente para o projeto;
- materiais – diferentemente dos equipamentos, os materiais são consumidos durante a atividade. Exemplos de materiais incluem tintas, cimento e vergalhões. Tal como no caso de equipamentos e pessoas, devemos usar bom senso na hora

de incluir materiais no planejamento. Por exemplo, normalmente não incluímos o gasto de papel de impressora no planejamento do projeto.

Estimativa de duração

Uma vez definida a quantidade de recursos para a atividade e, em particular, a quantidade de pessoas que a executarão, torna-se possível estimar a duração dessa atividade. Nesse ponto, Imhotep recebe pouca ajuda das ferramentas de gerenciamento de projetos. Esse tipo de software normalmente trabalha com a fórmula a seguir. Isso significa que a ferramenta acredita que a duração é inversamente proporcional à quantidade de recursos. Se dobrássemos a equipe, a duração cairia pela metade.

$$\textit{Duração total} = \textit{trabalho total} \,/\, \Sigma\ \textit{unidades de recursos}$$

No entanto, a figura 7 mostra um comportamento bem mais próximo da verdade. Quando aumentamos a quantidade de recursos, a duração tende inicialmente a diminuir. Em alguns casos essa diminuição pode ser até aproximadamente linear, como prediz a fórmula. Mas esse processo não continua indefinidamente. Em determinado ponto, o aumento da equipe não tem qualquer atuação significativa na duração, servindo apenas para aumentar o custo. De fato, se continuarmos o processo de aumento da equipe, chegaremos a um ponto em que a produtividade total diminuirá a tal extremo que a duração começará a aumentar em vez de diminuir. Vários são os motivos para isso acontecer; entre eles citamos o aumento da complexidade da comunicação, dificuldade na coordenação dos recursos e a existência de tarefas que não são divisíveis entre duas ou mais pessoas.

Figura 7

EVOLUÇÃO DE DURAÇÃO VERSUS TAMANHO DA EQUIPE

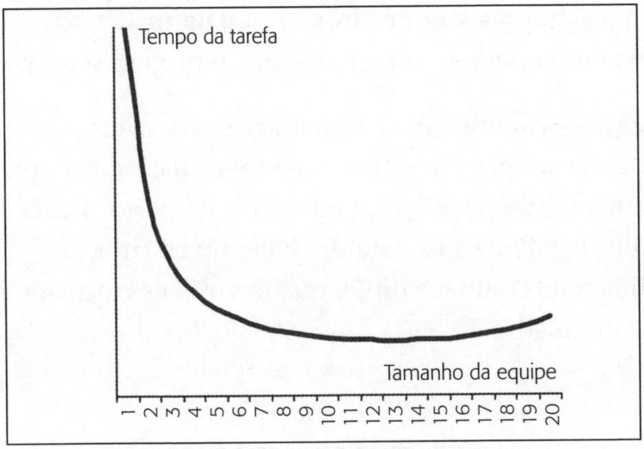

Cálculo do cronograma

Atualmente, os softwares de gerenciamento de projeto, como o MS-Project ou o Primavera, já calculam o cronograma automaticamente. No entanto, é interessante para o gerente entender o processo. Imhotep se lembra do tempo em que calculava cronogramas sem o auxílio de computadores, e isso faz com que use melhor a ferramenta.

O cronograma é calculado baseado no tempo previsto de duração da tarefa e na rede de dependências. Calcular o cronograma significa definir quando uma tarefa deve começar e terminar para que o prazo do projeto seja o menor possível. Como as tarefas podem ter folga, na verdade devemos calcular quatro datas para cada tarefa:

- data de início mais cedo (IMC) – a data mais próxima em que uma tarefa pode começar, dadas as tarefas que a precedem;
- data de fim mais cedo (FMC) – a data mais próxima em que uma tarefa pode terminar, dadas as tarefas que a precedem e sua duração prevista;

- data de início mais tarde (IMT) – a data mais tardia em que uma tarefa pode começar sem que o projeto seja atrasado;
- data de fim mais tarde (IMC) – a data mais tardia em que uma tarefa pode terminar sem que o projeto seja atrasado.

Para o cálculo, determinamos essas datas como certa quantidade de períodos (por exemplo, dias) a ser somada à data inicial. Assim, se a data inicial é 5 de julho, a data 3 seria 7 de julho (incluindo a data de início no cálculo).

Imagine, como exemplo, que temos a estrutura de precedência do quadro 7.

Quadro 7

ESTRUTURA DE PRECEDÊNCIA

Tarefa	Duração	Predecessora
T1	3	
T2	5	
T3	4	T1, T2
T4	2	T2
T5	3	T3, T4

O cálculo do cronograma é feito em duas fases. Na primeira, chamada de *forward pass* ou passo para a frente, calculamos as datas mais próximas de cada tarefa (IMC e FMC). Para isso, "passeamos" pelas tarefas do início ao fim. Para tornar o esquema mais claro, colocaremos as tarefas em um diagrama de rede em que as informações seguem a legenda do quadro 8.

Quadro 8

LEGENDA

Duração	Folga
IMC	FMC
IMT	FMT

De início, sabemos apenas a duração de cada atividade. Todas as outras informações ficam em branco. Então, analisamos todas as tarefas que não têm pré-requisitos. O IMC dessas tarefas é 1. Para o cálculo do FMC basta somar a duração à data de início e diminuir uma unidade. Assim, T1 e T2 têm datas de fim 3 e 5, respectivamente. A tarefa T4, que depende de T2, só pode começar quando esta terminar; logo, sua data de início será a data de fim de T2 mais uma unidade (o dia seguinte ao término de T2).

No caso de T3, existe um pequeno detalhe: T3 depende tanto de T1 quanto de T2. Nesses casos, o cálculo da data de início usa a maior data de fim entre as anteriores. É fácil ver o porquê disso: T3 só pode começar quando as duas antecessoras terminarem, o que só vai acontecer no dia 5, quando T2 terminar. Logo, T3 começa no dia 6.

O processo segue até a última tarefa, T5, que só poderá começar no dia 10 e acabar no dia 12, data do fim do projeto. Veja o resultado na figura 8.

Figura 8
PASSO PARA A FRENTE

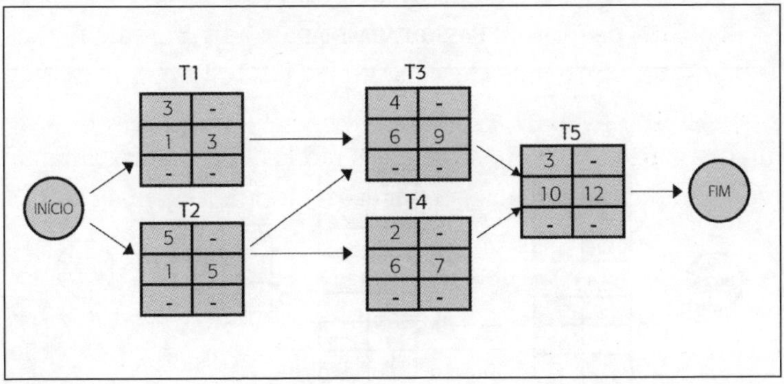

O passo seguinte é conhecido como *backward pass* ou passo para trás, porque examinamos a rede do fim para o início. Começamos pela tarefa T5. Como ela define a data final do projeto, suas IMT e FMT são exatamente iguais a IMC e FMC, respectivamente.

As tarefas T3 e T4 são antecessoras de T5. Logo, suas datas de fim não podem ser maiores que o dia anterior à data de início de T5. Suas datas de início são calculadas diminuindo-se a duração da data de término e somando uma unidade. Notem que, em T4, as datas mais próximas e mais tardias não coincidem. Ela deve terminar no dia anterior ao início de T5, o dia 9, e para isso deve começar no dia 8 (9 – 2 + 1).

Em T2, encontramos o caso em que uma tarefa tem mais de uma sucessora. Ao contrário do *forward pass*, em que pegamos a maior data, aqui escolhemos a menor data entre as datas de início (IMT) das sucessoras. No caso, entre T3 e T4, a menor data de início é o dia 6 de T3 e não o dia 8 de T4.

Quando todas as datas estão calculadas, calculamos a folga pela diferença entre FMT e FMC, ou ente IMC e IMT. Note que T1 pode começar entre o dia 1 e o dia 3 sem que o projeto atrase. Sua folga calculada é 2. Vejam o resultado final desse passo na figura 9.

Figura 9
PASSO PARA TRÁS

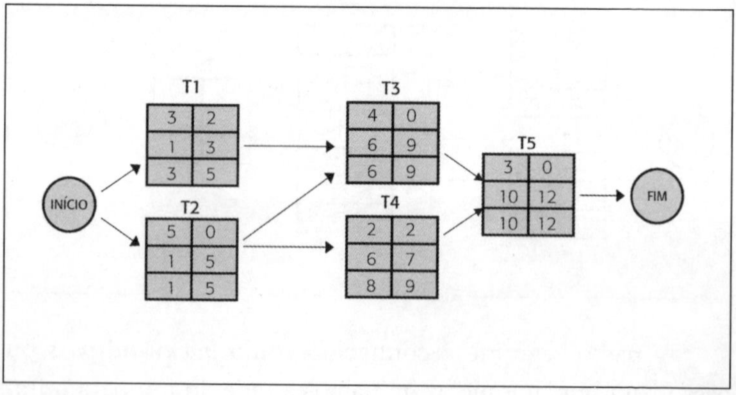

Cabe ao gerente do projeto decidir quando começar as tarefas com folga. Há duas estratégias mais comuns:

- utilizar o início mais cedo – a vantagem, nesse caso, é que se a tarefa tiver um pequeno atraso, a folga será consumida, mas o projeto como um todo não atrasará. Isso reduz o risco do projeto. Essa é a opção mais recomendada pela literatura;
- utilizar o início mais tarde – nesse caso, remove-se toda a folga. Atrasos na tarefa implicam atrasos no projeto; no entanto, essa técnica evita que recursos fiquem sem alocação no meio do projeto. Além disso, o custo associado à tarefa será adiado, o que pode ser bom para o fluxo de caixa. Na prática, essa é a opção mais usada pelos gerentes de projetos.

Calendários

Um detalhe frequentemente esquecido na criação de cronogramas é o ajuste adequado dos calendários. Um calendário representa as datas e horários em que a equipe estará disponível para o trabalho. Em geral, um calendário único com os feriados e o horário administrativo da organização é suficiente.

No entanto, principalmente em projetos que envolvam múltiplas organizações, ou nos geograficamente dispersos, calendários diferentes podem ser necessários para diferentes equipes de trabalho. Um feriado municipal, por exemplo, ou a disponibilidade de trabalho aos sábados, pode afetar apenas uma parte da equipe.

Lembre-se de que, no Brasil, não é raro que, se contarmos feriados, "emendadas" e pontos facultativos, tenhamos cerca de 20 dias de folgas fora os fins de semana. Se, em um projeto de um ano, esquecermos de prever esses feriados, ele atrasará quase um mês.

Atendendo às restrições

Em tese, uma vez que listamos as atividades e definimos sua sequência e duração, nosso cronograma estaria pronto, mas a realidade é mais complicada. Na vida real existem restrições que podem tornar inadequada essa primeira aproximação do cronograma. Por exemplo, a data prevista para o final do projeto obtida no cronograma pode ser maior do que a data exigida pelo cliente. Nesse caso, temos de acelerar o cronograma para que ele atenda à restrição de data. Existem duas técnicas clássicas para realizar essa aceleração: compressão (*crashing*) e paralelismo (*fast tracking*). Outro problema que enfrentamos na vida real é a limitação de recursos. Tarefas que, por critérios puramente técnicos, poderiam ser feitas em paralelo têm de ser sequenciadas pelo simples motivo de que existe uma única pessoa disponível para fazer as duas atividades. A técnica que endereça esse problema é chamada de nivelamento de recursos.

Aceleração de cronograma por compressão

Compressão consiste em aumentar o esforço ou custo em uma tarefa de modo a diminuir sua duração. Se Imhotep precisa que uma tarefa seja realizada em menos tempo, ele pode, por exemplo, autorizar horas extras ou aumentar o tamanho da equipe. Essas técnicas, efetivamente, diminuem o prazo, mas também afetam a produtividade, fazendo com que a tarefa tenha custo aumentado.

Por exemplo, digamos que Imhotep tenha uma tarefa que envolva artesãos criando 32 estátuas. Ele tem à sua disposição uma equipe de três artesãos que custam 35 moedas de ouro por hora. No entanto, os artesãos não têm a mesma produtividade. O mais experiente dos três consegue fabricar até quatro estátuas por dia, enquanto os outros dois fazem apenas duas por dia. Examine a tabela 1, que mostra as opções de alocação de equipe. Se Imhotep alocar apenas o artesão mais experiente, o custo por estátua será de 70 moedas de ouro; no entanto, esse artesão demorará oito dias para fabricar as 32 estátuas. Se esse prazo for inadequado para o projeto, Imhotep pode incluir um ou até os dois dos artesãos menos produtivos. Se colocar os três no trabalho, ele conseguirá as 32 estátuas prontas em quatro dias. No entanto, o custo por estátua subirá para 105 moedas de ouro. Essa troca de prazo por custo é um exemplo de compressão.

Tabela 1

OPÇÕES DE ALOCAÇÃO DE EQUIPE

A1	A2	A3	Estátuas/dia	Dias	Custo total	Custo/estátua
1			4	8	2.240	70
	1		2	16	4.480	140
		1	2	16	4.480	140
1	1		6	5,3	2.986	93
1		1	6	5,3	2.986	93
	1	1	4	8	4.480	140
1	1	1	8	4	3.360	105

Os exemplos mais comuns de compressão são: aumentar o tamanho da equipe e horas extras. Não é preciso haver diferenças nas performances individuais, como no exemplo apresentado, para que o aumento da equipe gere aumento do custo. O simples aumento da equipe tende a reduzir a produtividade total, de modo que a diminuição do prazo acaba não sendo proporcional ao aumento de recurso. O mesmo acontece com as horas extras, que tendem a ser mais caras e menos produtivas que as horas normais. Dessa forma, o ponto mais importante na utilização da compressão é lembrar que quanto mais a usamos, menos ela é efetiva. Um número razoável de horas extras pode ajudar muito na redução de prazo do projeto, mas um número excessivo pode aumentar o custo sem gerar benefício no prazo.

Aceleração de cronograma por paralelismo

Se a compressão troca prazo por custo, o paralelismo troca prazo por risco. A ideia dessa técnica é realizar em paralelo tarefas que, tradicionalmente, seriam executadas em sequência. Por exemplo: o faraó só deseja adquirir o terreno para sua tumba quando todo o trabalho de impacto ambiental estiver pronto. Mas se a duração do projeto tiver de ser encurtada, Imhotep pode liberar a compra do terreno antes de ter a licença prévia para a obra. Se tudo correr bem e a licença for obtida, o processo de compra terá sido antecipado e a obra poderá começar mais cedo. Mas o projeto corre o risco de a licença ser negada, fazendo com que o terreno tenha de ser revendido, provavelmente com deságio e custos de transação.

A figura 10 ilustra esse exemplo. Se o planejamento seguir o caminho de baixo risco, todo o processo durará 300 dias. Mas Imhotep acredita que se o processo de análise de impacto ambiental já estiver bastante adiantado, ele poderá começar o processo de compra do terreno. Para isso, ele cria uma dependência especial entre essas duas atividades. Em vez de uma dependência do tipo término-início, ele usa uma dependência do tipo início-início com uma dianteira de oito meses. Com isso o processo todo duraria 50 dias a menos, desde que tudo corra bem.

Figura 10

PARALELISMO

ID	Task name	Duration	Predecessors
1	**2. Preparação**	300 days	
2	**2.1. Impacto ambiental**	210 days	
3	**2.1.1. Licença prévia**	210 days	
4	Levantar e avaliar as leis municipais	10 days	
5	Obter certidão de prefeitura municipal	3 mons	4
6	Executar estudos de impacto ambiental – EIA	4 mons	5
7	Elaborar Rima – relatório de impacto ambiental	1 mons	6
8	Obter licença prévia	2 mons	7
9	**2.2. Aquisição do terreno**	90 days	2
10			
11			
12	**2. Preparação com paralelelismo**	250 days	
13	**2.1. Impacto ambiental**	210 days	
14	**2.1.1. Licença prévia**	210 days	
15	Levantar e avaliar as leis municipais	10 days	
16	Obter certidão da prefeitura municipal	3 mons	15
17	Executar estudos de impacto ambiental – EIA	4 mons	16
18	Elaborar Rima – relatório de impacto ambiental	1 mons	17
19	Obter licença prévia	2 mons	18
20	**2.2. Aquisição do terreno**	90 days	13SS+8 mons

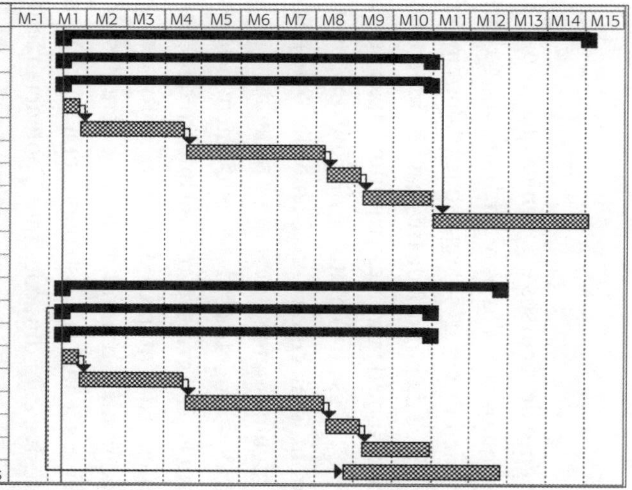

Nivelamento

O nivelamento de recursos é a técnica que reconhece que nem sempre dispomos de todos os recursos de que gostaríamos. Na figura 11, podemos ver três tarefas que poderiam ser feitas em paralelo. Trata-se da pintura de três painéis independentes. Mas Imhotep só dispõe de um mestre pintor capaz de executar essa tarefa. Se ele tivesse três pintores disponíveis, os três painéis ficariam prontos em cinco dias. Como ele só dispõe de um mestre pintor, algumas tarefas devem ser adiadas.

A maioria dos programas de gerenciamento de projetos possui ferramentas para realizar o nivelamento de recursos de forma automática. No entanto, diferentes softwares gerarão diferentes cronogramas, usando escolhas diferentes de quais atividades deverão ser adiadas. Isso pode gerar resultados finais diferentes, inclusive com durações totais potencialmente diferentes. Um possível resultado pode ser visto na figura 12.

Técnica CPM

Todas as técnicas que vimos até agora nos levam à criação de um cronograma dentro da técnica CPM. Essa técnica tem como característica o fato de que usamos apenas uma estimativa para cada atividade. Ela foi criada no fim da década de 1950, pela DuPont, sendo perfeitamente adequada ao tipo de projeto que essa empresa executava, ou seja, obras de construção e expansão de fábricas.

Para que entendamos CPM temos de entender que ela se apoia em duas premissas:

- a estimativa de duração das tarefas é razoavelmente precisa – isso significa que se uma tarefa foi prevista para durar, digamos, 10 dias, ela pode atrasar, digamos, um ou dois dias, mas jamais poderá atrasar a ponto de durar 20 dias. O tipo de tarefa procedimental das obras da DuPont tinha essa característica;

Figura 11

Cronograma antes do nivelamento

Figura 12

Cronograma depois do nivelamento

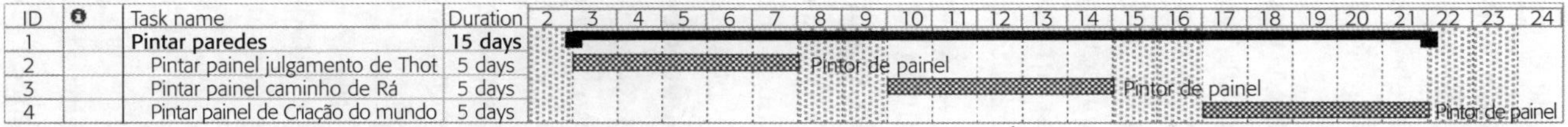

- o tempo de execução é modelado pelo esforço – isso significa que sempre podemos aplicar compressão de tarefas, aumentando o esforço para diminuir a duração. De novo, o tipo de tarefa das obras da DuPont normalmente permitia esse tipo de compressão.

Para termos uma boa ideia de como essa filosofia funciona, imaginemos um projeto a um custo total de US$ 1 milhão. Se imaginarmos que o caminho crítico representa 10% do total, teríamos, neste caso, um custo aproximado de US$ 100 mil para as tarefas que não poderiam atrasar sem que o projeto também fosse atrasado. O gerente, então, deve convencer seu patrocinador a lhe dar uma reserva de dinheiro para a provável necessidade de compressão nessas tarefas. Digamos que ele receba um fundo de reserva de US$ 50 mil, ou seja, metade do custo de todo o caminho crítico. Isso aumenta o orçamento em apenas 5%. E o que teríamos em troca?

Se qualquer tarefa do caminho crítico atrasar, a combinação das duas premissas listadas nos garantirá que, com o uso de uma quantidade razoável do fundo de reserva, ele voltará para sua duração original. Quanto às tarefas não críticas, não precisamos nos preocupar com elas. A primeira premissa praticamente garante que qualquer atraso será absorvido pela folga disponível. Isso quer dizer que, ao custo de um aumento de 5% do orçamento, que pode nem ser usado integralmente, um gerente do projeto como Imhotep pode, praticamente, garantir a entrega no prazo.

É um resultado maravilhoso e, no entanto, a maioria dos projetos que utiliza essa filosofia de gerenciamento não consegue alcançá-lo. O fato é que, a despeito de autorizações de horas extras e aumentos de tamanho de equipe, os gerentes não conseguem impedir que seus projetos de atrasem. O motivo é muito simples. Para boa parte dos empreendimentos, as duas premissas fundamentais do CPM simplesmente não se aplicam. Atividades criativas têm, reconhecidamente, uma grande margem de erro em suas estimativas e, além disso, nem sempre é possível aplicar as técnicas de compressão de forma eficiente. Isso sem contar com projetos em que o caminho crítico representa um percentual bem mais significativo do que os 10% que estimamos. Para esses, podemos aplicar filosofias mais sofisticadas, como PERT ou corrente crítica.

Linha de base

Ao fim de todo o esforço de planejamento de Imhotep, seu cronograma poderia parecer com o da figura 13. Até esse ponto, ele tinha autonomia quase total para fazer ajustes no cronograma, utilizar paralelismo e compressão, mudar o tamanho das equipes e a duração das atividades. Mas chega um ponto em que o cronograma deve ser apresentado ao cliente, e um compromisso deve ser estabelecido. Nesse momento, procedemos ao salvamento da chamada *linha de base do projeto*.

A figura 14 mostra uma representação gráfica da linha de base no mesmo cronograma da figura anterior. Note que agora existe uma barra em paralelo com cada barra representando atividades no projeto. As barras originais do cronograma continuam pertencendo ao gerente. Ele pode, por exemplo, registrar que determinada atividade atrasou ou que outra durou menos do que o previsto graças a horas extras. No entanto, toda vez que ele modificar o andamento do projeto, as barras da linha de base permanecerão no mesmo lugar que tinha sido combinado com o cliente.

Dessa maneira, podemos acompanhar o andamento das atividades em comparação com o compromisso estabelecido. Salvar a linha de base é a última tarefa do gerente de projeto no planejamento do cronograma, e ele só pode alterá-la com autorização do cliente, tipicamente em resposta a uma reprogramação do projeto decorrente, por exemplo, de uma mudança de escopo.

Figura 13
CRONOGRAMA USANDO CPM

ID		Task name	Duration	Predecessors
1		PROJETO TUMBA	**644 d**	
2		Assinatura do contrato Nilo	**0 d**	
3		**1. Gerenciamento do projeto**	**644 d**	
4		Gerenciar o projeto	643 d	
5		Entregar rascunho do plano de projeto	0 d	2FS+10 d
6		Entregar plano de projeto final aprovado	0 d	5FS+20 d
7		Reunião de abertura oficial do projeto com todos os interessados	1 d	6
8		Reunião de encerramento	1 d	40
9		**2. Preparação**	**383 d**	
10		**2.1. Impacto ambiental**	**383 d**	
11		**2.1.1. Licença prévia**	**210 d**	2
17		**2.1.2. Licença de instalação**	**60 d**	16;32
20		**2.2. Aquisição do terreno**	**263 d**	2
32		**3. Detalhamento**	**60 d**	11;20
33		3.1. Arquitetura	20 d	
34		3.2. Engenharia	40 d	33
35		**4. Infraestrutura**	**260 d**	17
36		Construir vila de operários	20 d	
37		Montar canteiro de obra	20 d	
38		Implantar segurança física contra saqueadores	10 d	37
39		Criar estrutura de dejetos	35 d	31
40		Desmontar infraestrutura	20 d	47
41		**5. Obra civil**	**180 d**	
42		5.1. Escavação	6 mo	19
43		**5.2. Edificações**	**160 d**	
44		Construir pilares e vigas de sustentação	5 mo	42SS+1 mo
45		Construir fachada da tumba	2 mo	44
46		Fazer acabamento do interior da tumba.	3 mo	44
47		**6. Aparelhamento**	**340 d**	
48		6.1. Pinturas	3 mo	46
49		**6.2. Objetos**	**300 d**	
50		Definir e encomendar esculturas	1 mo	33
51		Criar esculturas	6 mo	50
52		Instalar esculturas	1 mo	46;51

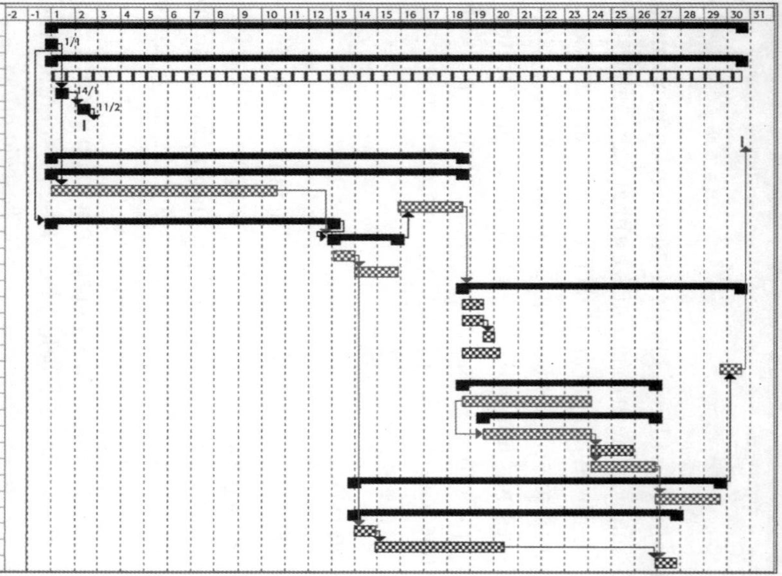

Figura 14
LINHA DE BASE

ID		Task name	Duration	Predecessors
1		**PROJETO TUMBA**	**644 d**	
2		Assinatura do contrato Nilo	**0 d**	
3		**1. Gerenciamento do projeto**	**644 d**	
4		Gerenciar o projeto	643 d	
5		Entregar rascunho do plano de projeto	0 d	2FS+10 d
6		Entregar plano de projeto final aprovado	0 d	5FS+20 d
7		Reunião de abertura oficial do projeto com todos os interessados	1 d	6
8		Reunião de encerramento	1 d	40
9		**2. Preparação**	**383 d**	
10		**2.1. Impacto ambiental**	**383 d**	
11		**2.1.1. Licença prévia**	**210 d**	2
17		**2.1.2. Licença de instalação**	**60 d**	16;32
20		**2.2. Aquisição do terreno**	**263 d**	2
32		**3. Detalhamento**	**60 d**	11;20
33		3.1. Arquitetura	20 d	
34		3.2. Engenharia	40 d	33
35		**4. Infraestrutura**	**260 d**	17
36		Construir vila de operários	20 d	
37		Montar canteiro de obra	20 d	
38		Implantar segurança física contra saqueadores	10 d	37
39		Criar estrutura de dejetos	35 d	31
40		Desmontar infraestrutura	20 d	47
41		**5. Obra civil**	**180 d**	
42		5.1. Escavação	6 mo	19
43		**5.2. Edificações**	**160 d**	
44		Construir pilares e vigas de sustentação	5 mo	42SS+1 mo
45		Construir fachada da tumba	2 mo	44
46		Fazer acabamento do interior da tumba.	3 mo	44
47		**6. Aparelhamento**	**340 d**	
48		6.1. Pinturas	3 mo	46
49		**6.2. Objetos**	**300 d**	
50		Definir e encomendar esculturas	1 mo	33
51		Criar esculturas	6 mo	50
52		Instalar esculturas	1 mo	46;51

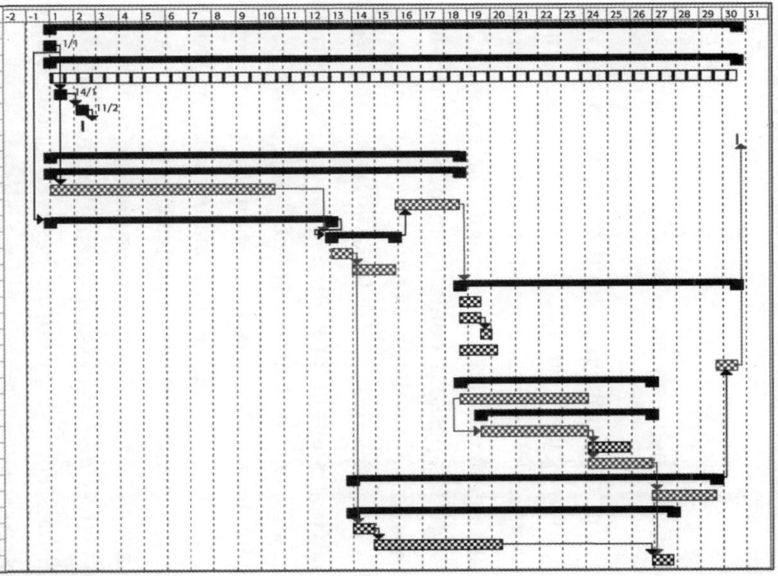

Análise de estimativas

Um dos problemas fundamentais do gerenciamento de projetos é ligado a certas falácias sobre o que é uma estimativa. Se compararmos uma estimativa a uma contagem ou a uma medição, algumas diferenças fundamentais ficarão mais claras.

Muitas pessoas confundem o comportamento de uma estimativa com o de uma contagem. Pensam que existiria um valor de estimativa que, se fosse igual ao valor real de duração da tarefa, testemunharia que a tarefa foi feita corretamente. De fato, se alguém realizar uma contagem e obtiver um número diferente do real, isso demonstrará que a contagem foi malfeita.

Outras pensam de uma maneira um pouco mais sofisticada e imaginam uma estimativa como se fosse uma medição. Uma medição tem uma margem de erro conhecida. Se o valor real estiver dentro dessa margem de erro, então a medição foi bem-feita. Mas se o valor real estiver fora da margem de erro, isso provaria que a medição foi malfeita.

Uma estimativa, na verdade, não tem nem o comportamento de uma contagem nem o de uma medição. Uma estimativa é definida por uma nuvem de probabilidade, e cada valor define uma probabilidade de sucesso. Mas, a partir de um resultado incorreto, não podemos inferir que a estimativa foi malfeita. Vamos analisar um pouco melhor o porquê disso.

A figura 15 analisa o comportamento de Imhotep na tarefa "chegar ao trabalho". Vejam que existe uma chance, que podemos chamar de extremamente otimista, de ele chegar em cerca de 15 minutos ao trabalho. Normalmente ele demora cerca de 30 minutos, mas podem acontecer atrasos que elevam o tempo para uma ou duas horas, ou até mais.

A questão é: que valor usaríamos como estimativa para essa tarefa? A figura 15 deixa claro que essa escolha sempre está associada a determinada chance de sucesso. É possível executar essa tarefa em 15 minutos, mas a chance de sucesso em cumprirmos esse prazo é de uma em cem. À medida que damos mais prazo para essa tarefa, a chance de sucesso aumenta, mas mesmo que usemos a estimativa pessimista, que cobre 99% dos casos, ainda teremos 1% de chance de atraso. Qualquer estimativa que usássemos sempre estaria ligada a um risco de fracasso e, a partir da simples informação de que o valor real foi diferente da estimativa, não podemos inferir nada, a não ser certo azar por parte do estimador.

Figura 15

TEMPO PARA CHEGAR AO TRABALHO

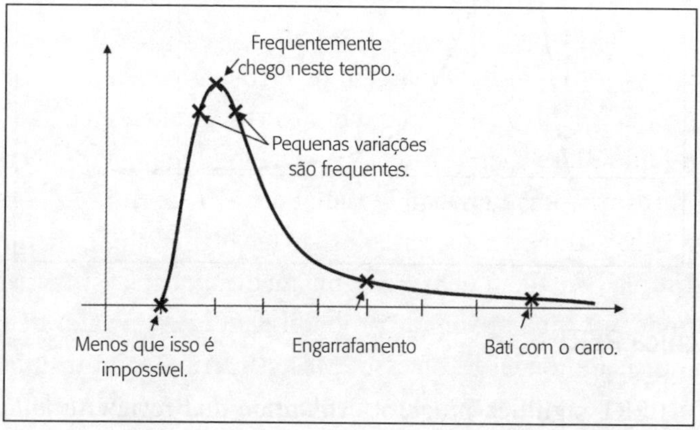

Essa espécie de curva, na verdade, é típica das atividades de projetos. E, se analisarmos a figura 16, veremos que ela apresenta um comportamento extremamente inconveniente. Se compararmos a média com o valor mais otimista, teremos uma diferença de tempo de apenas 25 minutos, mas se compararmos a mesma média com o potencial de atraso da duração pessimista, teremos uma diferença de mais de uma hora. Além disso, embora aumentar o tempo da estimativa sempre aumente a chance de sucesso, isso é cada vez menos eficiente. Aumentar da média para a estimativa intermediária nos dá um aumento de chance de sucesso de 25% ao custo de sairmos de casa 15 minutos mais cedo. Mas se quisermos aumentar nossa chance em mais 24%, precisamos aumentar nossa antecedência em uma hora.

Figura 16

ESTIMATIVA DEFINE PROBABILIDADE DE SUCESSO

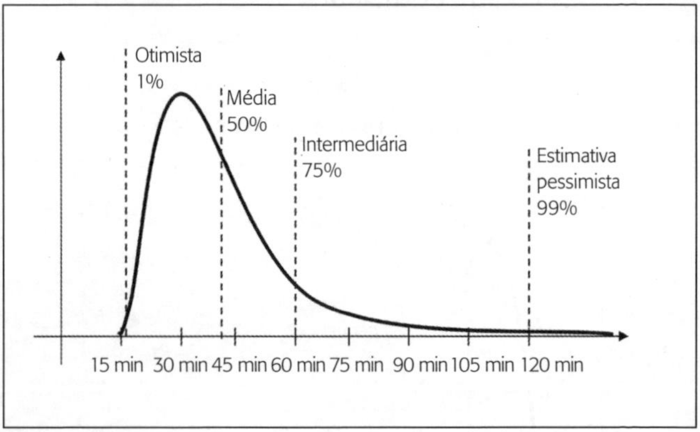

Técnica PERT

PERT significa *program evaluation and review technique*. Essa técnica foi desenvolvida em 1958 pela Marinha norte-americana, pela Booz Allen e pela Lockheed, de modo a reconhecer a natureza estatística das estimativas. Dessa forma, para compreendermos corretamente as ideias por trás da PERT, teremos de ver alguns conceitos de probabilidade e estatística.

Os primeiros são desvio padrão (s) e a variância (s^2). Duas distribuições de probabilidade podem ter exatamente a mesma média, mas comportamentos completamente diferentes. As atividades procedimentais, por exemplo, tendem a variar pouco em torno da média, enquanto atividades criativas variam muito. Se um muro demora, em média, 10 dias para ser construído, pode ser que ele atrase um ou dois dias, mas dificilmente atrasará semanas. Por outro lado, as atividades criativas costumam ter atrasos gigantescos em relação à média. Em estatística, usamos normalmente o desvio padrão para medir o quanto uma distribuição varia em relação à média. Na figura 17, temos duas distribuições normais com a mesma média. A da esquerda, porém, apresenta um desvio padrão grande em relação à média. O erro de qualquer estimativa tende a ser muito grande. Já a da direita apresenta um desvio pequeno em relação à média, e o erro de nossas estimativas tende a ser bem menor. Outra medida de variação é a variância. Ela é, simplesmente, o quadrado do desvio padrão. Se, por exemplo, o desvio padrão de uma tarefa é 5, então sua variância será 25. Precisaremos dos dois conceitos em PERT.

Figura 17

DESVIO PADRÃO

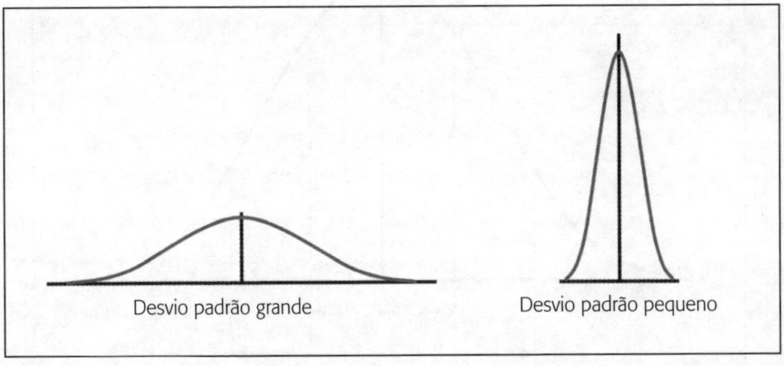

Em seguida, precisamos entender as propriedades da curva normal, que é muito especial em estatística porque tem o comportamento totalmente tabelado. Se conhecemos a média e o desvio padrão de uma curva normal, podemos saber a probabilidade associada a uma faixa de valores. Observe a figura 18. Digamos que determinada curva tenha média igual a 100 e desvio padrão igual a 1. Se somarmos e subtrairmos um desvio padrão da média, teremos, pela tabela, uma faixa de valores com 68% de chance de que o valor se encontre nela. Se usarmos dois desvios padrões, nesse caso a faixa de 98 a 102 dias, teremos 95% de chance de que a duração real caia nessa faixa. Finalmente, se usarmos 97 a 103 dias, então teremos mais de 99% de chance de que o valor real esteja em algum ponto nessa faixa. É claro que, se tivermos desvios padrões maiores, precisaremos de faixas maiores. Se uma tarefa durar em média os mesmos 100 dias, mas tiver 10 dias de desvio padrão, teremos de estabelecer uma faixa de valores entre 70 a 130 dias para cobrir 99% de chance.

Figura 18
DESVIO PADRÃO

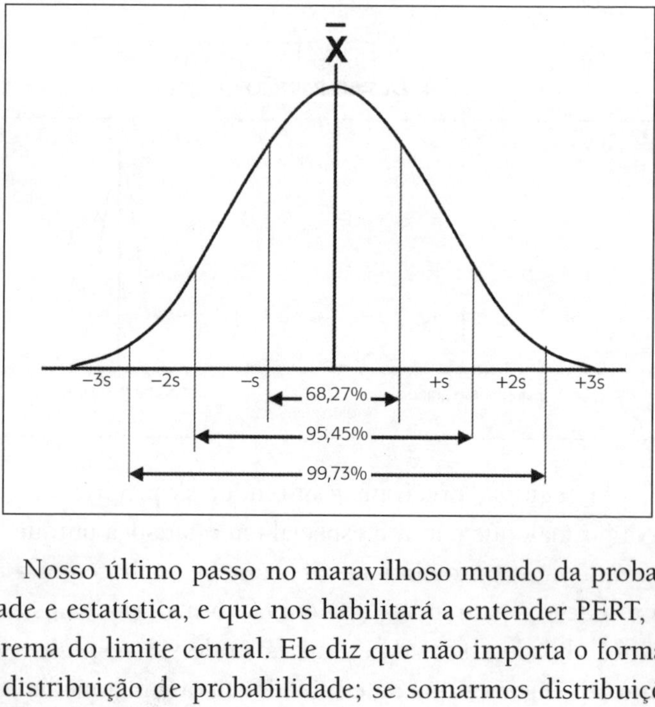

Nosso último passo no maravilhoso mundo da probabilidade e estatística, e que nos habilitará a entender PERT, é o teorema do limite central. Ele diz que não importa o formato da distribuição de probabilidade; se somarmos distribuições em número suficiente, acabaremos por chegar a uma curva normal. Observe a figura 19. Cada dado isoladamente tem uma distribuição homogênea em que cada valor tem a mesma chance dos outros. No entanto, à medida que somamos dados, esse comportamento se altera. Se jogarmos quatro dadinhos e verificarmos a frequência de cada valor, veremos claramente que a distribuição começa a se parecer muito com a distribuição normal.

Mas o teorema nos diz mais que isso. Ele informa que, se soubermos a média e a variância de cada distribuição individual, podemos calcular a média e a variância da distribuição da soma. Ele nos diz, simplesmente, que a média da soma será a soma das médias e que a variância da soma será a soma das variâncias. No caso dos dadinhos, cada dado individual tem média 3,5 e variância 2,92. Assim, a soma dos quatro dadinhos terá média igual a 14 = 4 * 3,5 e variância igual a 11,67 = 4 * 2,92.

Figura 19

Teorema do limite central

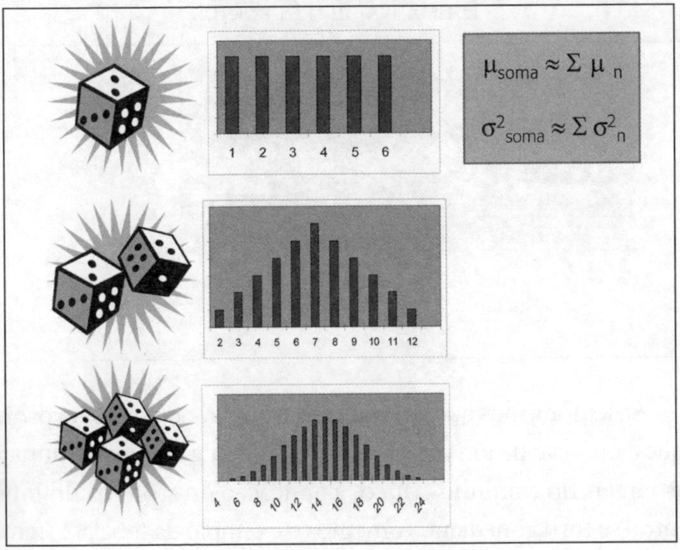

Agora podemos finalmente entender o raciocínio dos criadores da PERT. Para começar, eles definiram um método para calcular a média e o desvio padrão de cada atividade que é chamado de "estimativa de três pontos". Para isso, usa-se a base histórica de execução de atividades semelhantes para definir três pontos na curva de distribuição. Temos, então, as estimativas:

- otimista (o) – definida como o menor prazo possível. Deve ocorrer em 1% dos casos;
- pessimista (p) – definida como o maior prazo razoável. Deve cobrir 99% dos casos;
- mais provável (m) – definida como a moda da distribuição.

Depois é só usar as fórmulas da figura 20 para calcular média e desvio padrão. Na figura temos a estimativa otimista (o) de dois dias, a moda (m) de seis dias e a pessimista (p) de 16 dias. Com isso podemos calcular uma média de sete dias = (2 + 4 * 6 + 16) / 6 e um desvio padrão de 2,33 dias = (16 – 2) / 6.

Figura 20

ESTIMATIVA DE TRÊS PONTOS

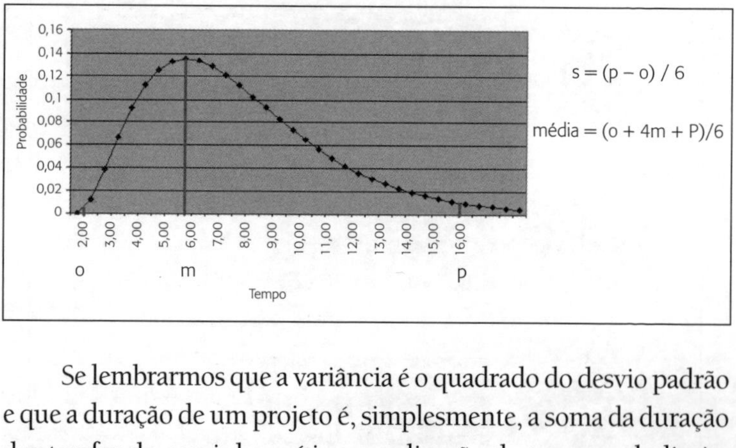

Se lembrarmos que a variância é o quadrado do desvio padrão e que a duração de um projeto é, simplesmente, a soma da duração das tarefas do caminho crítico, a aplicação do teorema do limite central se torna imediata. Tomemos o exemplo da tabela 2. Temos sete tarefas no caminho crítico, cada uma com suas durações, otimista, moda e pessimista, já definidas. Se quiséssemos fazer um cronograma CPM com alta chance de sucesso, bastaria usarmos as durações pessimistas. Nesse caso, teríamos o cronograma de 120 dias mostrado na parte de cima da figura 19.

Tabela 2

Exemplo de PERT

Tarefa	o	m	p	X_{bar}	s	s^2
a	2	7,5	12,5	7,42	1,8	3,1
b	3	7,5	12,5	7,58	1,6	2,5
c	5	9	15	9,33	1,7	2,8
d	7	15	25	15,33	3,0	9,0
e	4	9	15	9,17	1,8	3,4
f	6	15	25	15,17	3,2	10,0
g	3	9	15	9,00	2,0	4,0

Mas é fácil calcular a média e o desvio padrão de cada atividade usando as fórmulas de três pontos. Se quisermos a variância de cada atividade é só elevar o desvio padrão ao quadrado. Assim, podemos calcular a duração média do projeto simplesmente usando a duração média de cada atividade e somando-as. Para o caso em análise, isso daria 73 dias. Mas essa é a duração média do projeto; logo, nos dá apenas 50% de chance de sucesso. Para melhorar nossas chances precisamos lembrar as propriedades da curva normal. A variância é a soma da coluna de variâncias individuais. Em nosso caso, esse valor é 34,7. Se calcularmos a raiz quadrada deste valor, obteremos 5,9 ou, aproximadamente, seis dias para o desvio padrão do projeto como um todo. Se quisermos obter um projeto com mais de 99% de chance de sucesso, basta acrescentar um *buffer* de três vezes o desvio padrão ao final do projeto. Essa situação é ilustrada na parte de baixo da figura 19 (terceiro gráfico).

Figura 21

CRONOGRAMA USANDO PERT

ID	ℹ	Task name	Duration
1		**Projeto CPM pessimista**	**120 days**
2		a	12,5 days
3		b	12,5 days
4		c	15 days
5		d	25 days
6		e	15 days
7		f	25 days
8		g	15 days
9			
10		**Projeto PERT**	**91 days**
11		a	7,5 days
12		b	7,5 days
13		c	9,5 days
14		d	15,5 days
15		e	9 days
16		f	15 days
17		g	9 days
18		***Buffer***	**18 days**
19		1 desvio	6 days
20		2 desvios	6 days
21		3 desvios	6 days

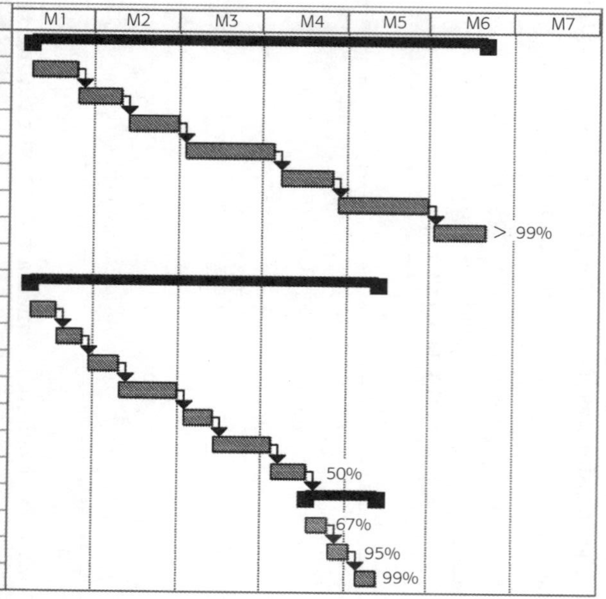

Vejam que se compararmos a duração do cronograma usando CPM pessimista com o cronograma usando PERT com um *buffer* de três desvios padrões, teremos este último com uma duração total de 91 dias em comparação com os 120 dias do primeiro.

Na verdade, se for tolerável trabalhar com níveis de risco maiores, poderemos utilizar menos desvios padrões no *buffer*. Um *buffer* de dois desvios nos daria mais de 95% de chance de sucesso e um *buffer* de exatamente um desvio padrão nos daria aproximadamente 70% de chance de sucesso.

PERT é, sem dúvida, uma técnica muito mais sofisticada e aderente à realidade dos projetos do que CPM. Imhotep o conhece plenamente e tentou utilizá-lo no passado. Mas o fato de ele ser pouco usado na prática deve-se, parcialmente, a essa própria sofisticação. Muitos gerentes não compreendem a necessidade do *buffer* e o acabam omitindo, gerando fracasso em 50% dos projetos. No entanto, Imhotep sabe que o método não é isento de falhas. Veja:

- baseia-se em uma forma arbitrária de função de probabilidade e formas de cálculo. As fórmulas de cálculo de média e desvio padrão da estimativa de três pontos não passam de uma simplificação grosseira;
- a necessidade de três estimativas precisas (1%, moda e 99%) é um ponto fraco. Poucas atividades dispõem de uma base histórica normalizada que permita defini-las.

De qualquer forma, a seguir veremos uma filosofia de gerenciamento de projetos que tem todas as vantagens da PERT sem algumas de suas desvantagens: corrente crítica.

Técnica corrente crítica

Corrente crítica, ou *critical chain project management* (CCPM), foi criada por Eliyahu Goldratt em 1997 a partir da teoria das restrições, sendo o estado da arte em termos de filosofia de gerenciamento de cronogramas. Trata-se de uma abordagem sistemática para melhor dimensionamento e controle de atividades, tendo como objetivo o aumento da confiabilidade no cumprimento dos prazos contratados. Na prática, trata-se de uma evolução dos conceitos que já analisamos na PERT.

Goldratt (1998) começa por observar que os técnicos têm a tendência de fazer estimativas conservadoras, mas, apesar disso, os projetos, frequentemente, atrasam. Ele, então, teorizou que de algum modo estamos sistematicamente desperdiçando a margem de segurança que colocamos em cada estimativa. A seguir estudou os mecanismos pelos quais esse desperdício poderia estar se processando. Dois desses mecanismos são os atrasos migrantes e a Lei de Parkinson.

Causas de atrasos

A ideia dos atrasos migrantes é muito simples. Atrasos automaticamente migram de uma tarefa para a tarefa seguinte, mas adiantamentos não. Se uma tarefa termina depois do prazo, a tarefa seguinte sempre sofrerá esse atraso, mas quando uma tarefa termina antecipadamente existem vários motivos para a tarefa seguinte não ser antecipada. Em primeiro lugar, os recursos da tarefa seguinte podem não estar disponíveis. Ainda: quando tarefas são terminadas antes do prazo, as pessoas têm a tendência a não reportar o fato, pelo menos não imediatamente. Isso se deve à natureza adversarial entre os técnicos que desejam estimativas conservadoras e a gerência que está disposta a correr riscos. O técnico executor pode ter tido sorte na tarefa, mas nada garante que terá a mesma sorte na próxima vez, mas o sucesso em cumprir um prazo menor certamente será usado contra ele na próxima negociação de estimativas. O que acaba acontecendo é que o projeto revela uma tendência irresistível para o atraso que raramente é contrabalançada por oportunidades de adiantá-lo.

Outra causa identificada é a chamada Lei de Parkinson, que afirma que: "O trabalho se expande até preencher todo o tempo disponível". Por sua vez, essa lei tem algumas causas que podemos identificar.

Quanto mais segurança é adicionada, ou seja, quanto mais conservadora é uma estimativa, mais as pessoas deixam tarefas para a última hora e maior a probabilidade de atrasos no caso de problemas inesperados. Isso é conhecido como síndrome do estudante, porque mostra um paralelo exato com o comportamento dos alunos na preparação para provas. Não importa quanto tempo eles têm para estudar, invariavelmente só começam a ver a matéria na véspera da prova. Outro motivo é a tendência para usar tempo extra "disponível" em tarefas não produtivas como as de "embelezamento". A equipe começa a aumentar o escopo por conta própria ou elevar o nível de qualidade além do exigido. Por último, pessoas competentes tendem a ter mais foco e serem mais produtivas sob uma pressão razoável.

Se juntarmos todos esses efeitos da Lei de Parkinson temos um resultado importante sobre o comportamento das equipes, mostrado na figura 22. A parte de cima mostra o estudo da função de distribuição de probabilidade da estimativa usando dados de uma base histórica. No entanto, na prática, a função de probabilidade será profundamente alterada pelo alvo que você der para a equipe. Mesmo que historicamente sete dias nos ofereçam teóricos 50% de chance de terminar a tarefa, se der 16 dias como alvo para a equipe, a chance de terminar em sete dias será mínima. Na verdade, haverá uma chance considerável de a tarefa atrasar para além dos 16 dias da estimativa historicamente conservadora.

Figura 22
PERFORMANCE VERSUS ALVO

- Teoria PERT

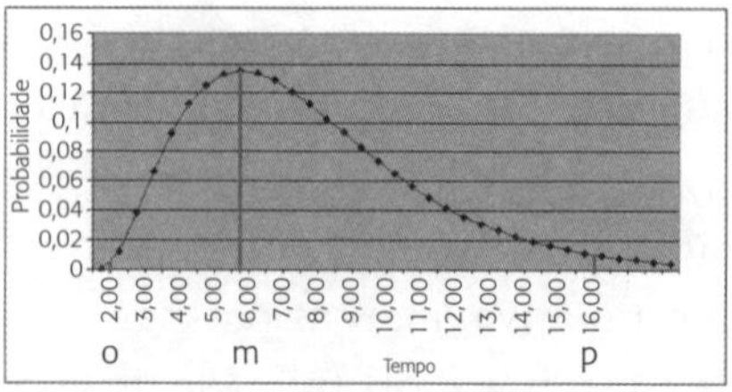

$X_{bar} = (o + 4m + p)/6$

$X_{bar} = (2 + 4*6 + 16)/6$

$X_{bar} = 7$

Existem 50% de chance de terminar em menos de 7 dias

- Mundo real

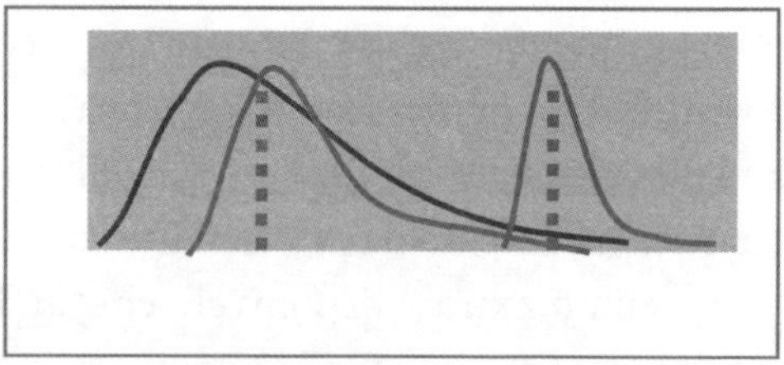

$fdp_{real}(t) = f(t_{alvo})$

Estimativa em cronogramas CPM

Uma das divergências mais acirradas entre as correntes mais conservadoras de gerenciamento de projetos e a escola iniciada por Goldratt diz respeito ao posicionamento das estimativas usadas em CPM dentro das curvas de probabilidade das estimativas.

Versões anteriores do PMBOK afirmavam que CPM usa a data mais provável (moda = valor mais frequente) enquanto PERT usa a data média (probabilidade de 50%). Isso é ilustrado na parte de cima da figura 23.

No entanto, pode ser argumentado que, pelo formato da curva (assimétrica), a data mais provável fica sempre à esquerda da média (probabilidade = 50%). Isso significa que, quando se usa a moda, cada atividade tem menos de 50% de chance de terminar no prazo. Como consequência, mais de 50% dos projetos terminariam atrasados e muitos com atrasos grandes, na "cauda" da curva. Dificilmente isso poderia ser considerado boa gerência de projetos. Além disso, a ideia de que os técnicos ofereceriam espontaneamente uma estimativa que lhes daria apenas de 30% a 40% de chance de sucesso parece contrariar o que conhecemos da natureza humana, e Imhotep dificilmente acreditaria nisso.

Figura 23

Estimativa CPM

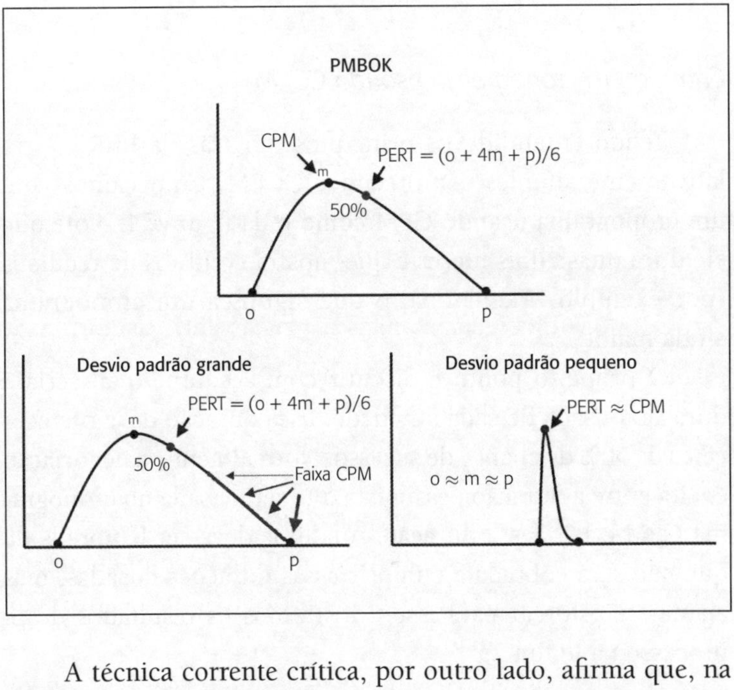

A técnica corrente crítica, por outro lado, afirma que, na maioria dos projetos CPM, os técnicos tentam usar datas pessimistas, sendo pressionados para datas de maior risco pelas restrições do cliente e da gerência. Isso é ilustrado pelo gráfico de baixo, à esquerda, da figura 23. Não teríamos um ponto fixo para as estimativas CPM, mas uma faixa de valores que seria fruto de negociação entre as partes interessadas.

Um aspecto importante que deve ser ressaltado é que toda essa análise é significativa somente para tarefas que possuem desvio padrão grande, como as tarefas criativas. Se o desvio padrão, ou seja, a margem de erro da estimativa, for pequeno, não importa muito, porque as estimativas otimista, média, moda e pessimista estarão tão próximas umas das outras que podemos tranquilamente afirmar que usar a estimativa mais provável seria uma opção razoável. Isso é ilustrado pela parte de baixo, à direita, da figura 23.

Criando um cronograma usando CCPM

Tendo entendido os princípios por trás da PERT, é relativamente simples compreender CCPM. Começamos com um cronograma usando CPM como o da figura 24. Note que ele dura quase dois meses e que mostra conflitos de recursos (por exemplo, Akenaton), o que significa um cronograma ainda maior.

O primeiro ponto é discutir com a equipe qual seria a duração ousada de cada atividade. Essa duração deve oferecer cerca de 50% de chance de sucesso. Normalmente, a negociação é feita entre a duração pessimista que seria usada no cronograma CPM e 1/3 dessa duração. A equipe deve ser lembrada de que não será cobrada a cumprir essas durações ousadas, mas apenas se esforçar para isso. Mostramos os resultados desse processo na figura 25.

Figura 24

CRONOGRAMA CPM ORIGINAL

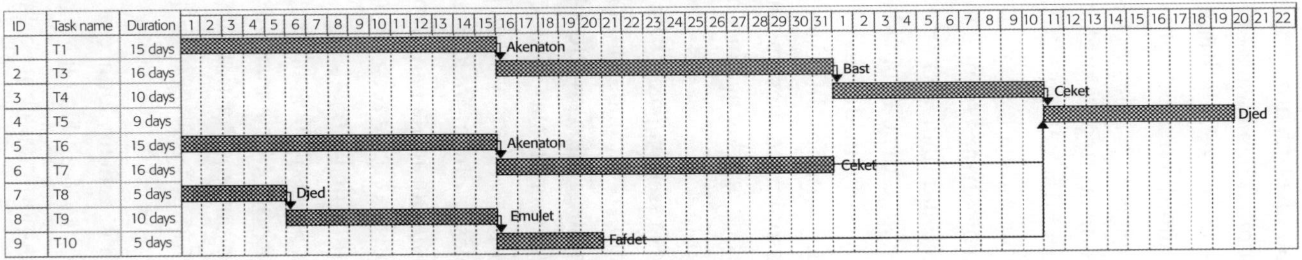

Figura 25

CRONOGRAMA COM DURAÇÕES OUSADAS

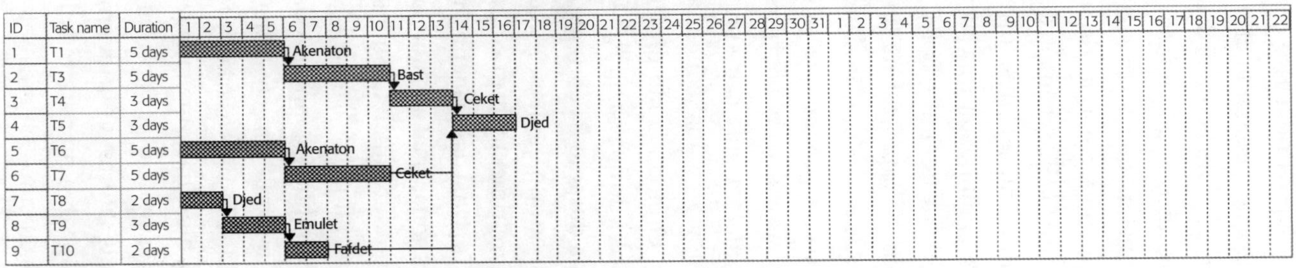

O próximo passo é proceder ao nivelamento de recursos. Note que o caminho crítico da figura 23 não levava em conta que os recursos chamados de Akenaton e Ceket ficariam superalocados. Agora, temos um conjunto diferente de atividades que não podem atrasar. São as atividades T1, T3, T4, T7 e T5. A esse novo conjunto de atividades críticas, após o nivelamento, Goldratt (1998) batizou de "corrente crítica". A figura 26 mostra o cronograma com a corrente crítica.

Finalmente, está na hora de colocarmos os pulmões ou *buffers*. Como em PERT, colocamos um *buffer* chamado de pulmão do projeto no fim da corrente crítica. A novidade de CCPM é a colocação de outros *buffers*, chamados de pulmões de convergência, que são colocados entre as atividades não críticas e a corrente crítica. Com isso, impedimos que atrasos fora da corrente causem problemas de atrasos na corrente. O cronograma final é mostrado na figura 27.

O modo como dimensionamos esses *buffers* é bem mais simples do que em PERT. Tipicamente, começamos com a metade da duração da corrente que ele protege. Se o projeto admitir certo atraso, podemos usar um *buffer* menor, mas se for crítico o cumprimento do prazo com o cliente, podemos usar um *buffer* maior. Uma das maneiras mais simples de dimensionar o *buffer* é questionar qual a maior data que o cliente aceita para a entrega do produto final. O pulmão do projeto cobrirá toda a duração entre o fim da corrente e essa data final de entrega.

Imhotep conhece todas as três opções de filosofia de gerenciamento de projetos. Sua opção, porém, é pela mais simples: CPM. Ele não usaria PERT porque corrente crítica substitui essa filosofia com vantagens em todos os cenários. Mas poderia ter optado por corrente crítica. Sua escolha final se deveu a dois fatores. O primeiro é que CPM é mais conhecido pela equipe da Empreiteira Nilo e pela Casa Real. Não lhe pareceu conveniente usar um projeto dessa importância como cobaia de

Figura 26

CRONOGRAMA NIVELADO COM A CORRENTE CRÍTICA

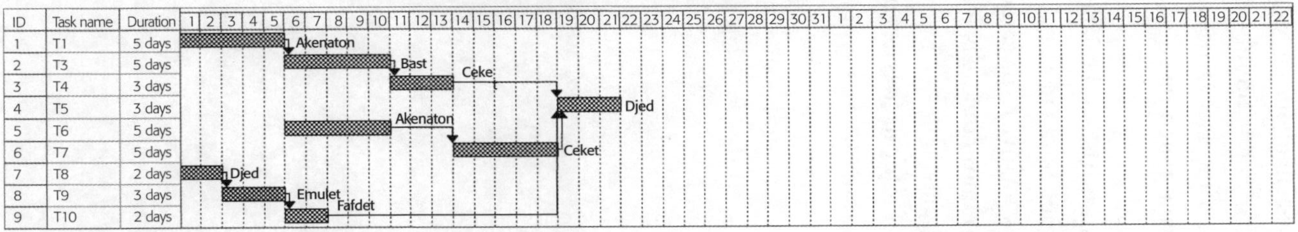

Figura 27

CRONOGRAMA USANDO CORRENTE CRÍTICA

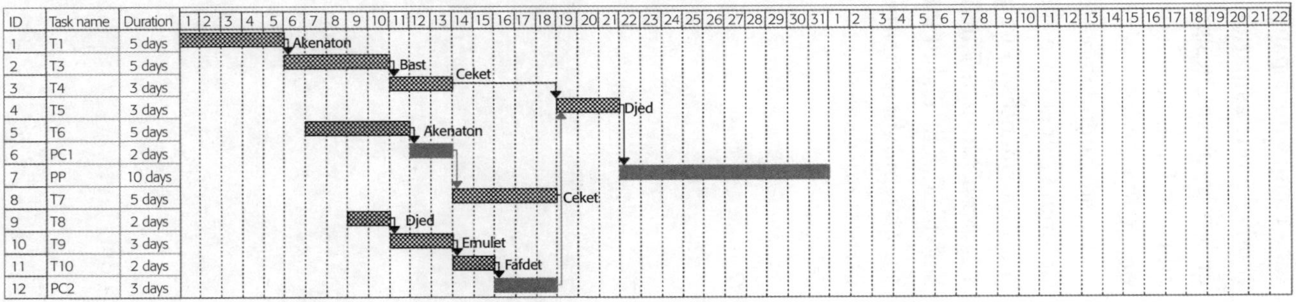

uma técnica nova para as organizações envolvidas. O segundo motivo é que as partes mais importantes do caminho crítico envolvem atividades procedimentais, como escavações e construções. Essas atividades se beneficiam pouco da sofisticação do CCPM/corrente crítica.

Este capítulo nos guiou nas técnicas básicas de elaboração do cronograma do projeto. Abordamos também importantes questionamentos sobre o que é uma estimativa e sua característica probabilística. Finalmente encerramos com duas técnicas sofisticadas de elaboração de cronograma.

No próximo capítulo, juntaremos informações de custos a estas sobre cronograma e analisaremos os riscos do projeto.

3

Lidando com dinheiro e riscos

O capítulo anterior nos ajudou a entender o processo de estimativa e a criar um cronograma para o projeto. Essa base nos habilitará, neste capítulo, a estudar áreas que são muito importantes para o planejamento da tumba do faraó: os custos e os riscos.

Lidando com dinheiro

Embora o faraó seja um sujeito muito rico e poderoso, ele sabe que o dinheiro não nasce em árvores. E, dessa forma, solicitou a Imhotep um orçamento detalhado do projeto de sua tumba. Imhotep, por sua vez, desenvolveu uma série de processos para gerenciar os custos de seu projeto, incluindo a execução dentro do orçamento estabelecido pelo faraó, e isso envolveu tarefas de planejamento, estimativa, orçamentação e controle.

Inicialmente, Imhotep tratou de estimar os custos do projeto por meio da determinação aproximada dos recursos necessários para a finalização de cada uma das atividades do cronograma. Sabia que, inicialmente, suas estimativas poderiam ter uma grande variação (na faixa de 50%), e essa variação se tornaria mais precisa (na faixa de 10%) à medida que o projeto fosse desenvolvido.

Os custos do projeto Tumba do Faraó foram estimados para todas as atividades cujos recursos serão utilizados, tais como pessoas, equipamentos e instalações, além de custos especiais, como reservas de contingência e mesmo o efeito da inflação.

Em seguida, Imhotep tratou de orçar o empreendimento, consolidando os custos estimados das atividades. O orçamento do projeto é um somatório do custo fixo com os custos relativos das atividades e também estabelece uma linha de base dos custos totais, de forma que nosso gerente possa medir, ao final, seu desempenho.

Estimativa de custos

Para estimar os custos, Imhotep utilizou a EAP do projeto (figura 28).

Como dissemos, os custos do projeto vêm, principalmente, dos recursos que ele utiliza e que são de três tipos:

- pessoas – são os custos, normalmente medidos em valor-hora, em que o projeto incorre ao empregar pessoas. Estas pessoas podem ser funcionários ou terceiros. No caso de funcionários, os custos de utilização não devem só incluir os salários, mas também benefícios e encargos;
- equipamentos – são máquinas utilizadas pelo projeto, mas que, em tese, permanecerão como ativos após seu encerramento. Máquinas próprias costumam ter seu custo calculado em cima dos valores de depreciação e manutenção;
- materiais – são insumos que o projeto utilizará e que deixarão de existir como ativos após sua utilização. O exemplo clássico é o cimento. Uma vez utilizado ele é incorporado ao produto do projeto e deixa de existir como cimento.

Figura 28

EAP COMO BASE DO ORÇAMENTO

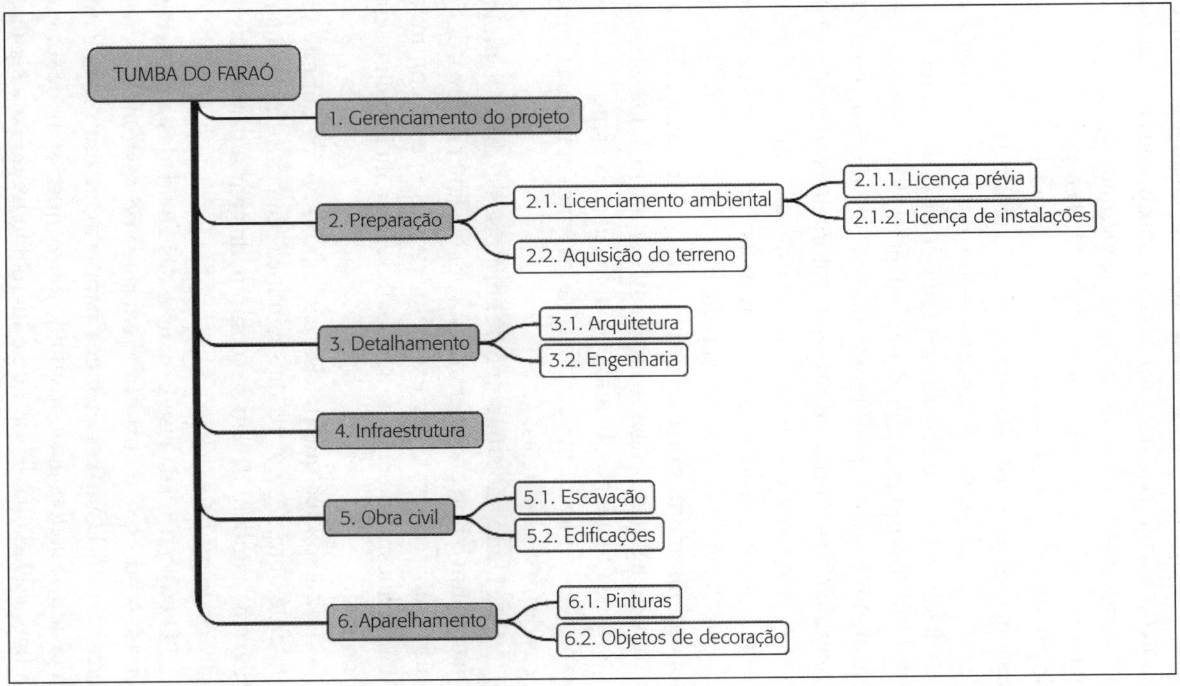

Além dessas fontes de despesas, segundo Mendes (2006), o projeto deve provisionar dinheiro para o que chamamos de nível de esforço, ou *level of effort* (LOE). LOE é o trabalho ou custo adicional que ocorre, em maior ou menor intensidade, durante todo o projeto, mas que não está associado a nenhuma tarefa específica. O salário do gerente e do pessoal de apoio, seguros, despesas legais, custos de viagem e estada, custos de manutenção da infraestrutura, aluguel de um escritório especialmente montado para o projeto com gastos de telefone e luz – todos são exemplos de nível de esforço.

Todos os projetos têm alguma quantidade de nível de esforço. Em alguns casos, ele pode representar até 20% do custo total. Mais comumente encontramos níveis de esforço na ordem de 10%.

O que torna esse tipo de custo especial é que ele depende, essencialmente, da duração do empreendimento. Se uma pendência adia a entrega de uma pequena parte do projeto por um mês, isso pode significar um esforço direto muito baixo. No entanto, isso também pode significar pagar mais um mês de aluguel do escritório.

Dessa maneira, quando contabilizamos o efeito de atrasos no projeto, temos de nos certificar de levarmos em conta também essas despesas indiretas.

Esse efeito não atua somente em atrasos no final do projeto. Quando um empreendimento para, por qualquer motivo, devido a um embargo legal, por exemplo, essas despesas continuam atuando mesmo que nenhum trabalho esteja oficialmente sendo produzido.

Imhotep sabe que precisa pagar por seguros durante toda a fase de obra. Os custos de segurança oferecidos pela Guarda Palaciana também devem ser computados em separado das atividades do projeto.

O custo de cada fase é o custo das atividades a ela pertencentes, sendo que o custo final é a soma do custo de suas fases acrescido do LOE. Essa técnica para estimar um orçamento é chamada de *bottom up*. O resultado desse processo pode ser visto na figura 29. Saiba, leitor, que o hieróglifo usado para significar uma moeda de ouro no tempo de Ramsés XIII era "R$"; assim R$ 1,00 significa uma moeda de ouro.

Custos colocados em cada pacote da EAP (em moedas de ouro)

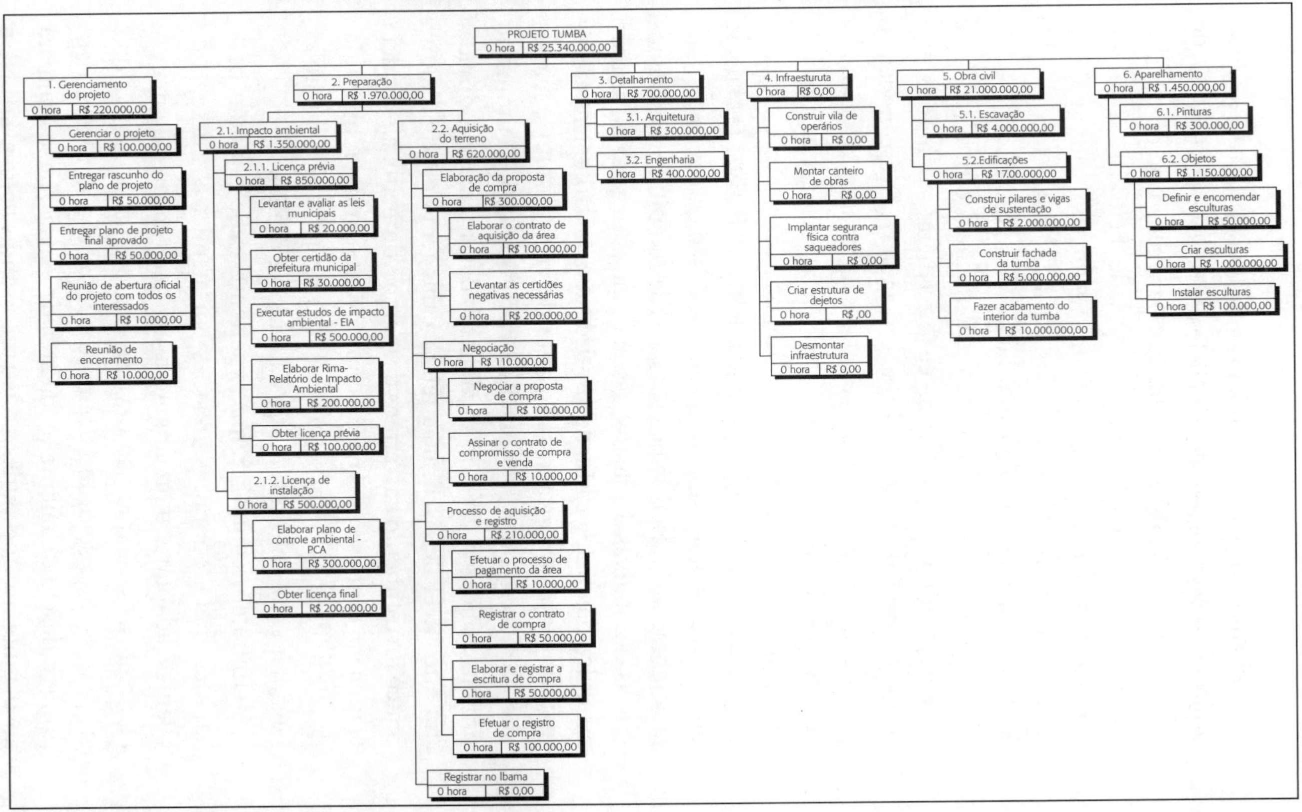

Quando definimos a quantidade e os tipos de pessoas, equipamentos e materiais utilizados em cada atividade, podemos pesquisar o custo de utilização para cada tipo de recurso. Assim obtemos o custo de cada atividade. Feito isso, é só uma questão de somar de baixo para cima (*bottom up*) cada atividade de um mesmo pacote de trabalho de uma EAP e depois subir na EAP até encontrar o custo total do projeto.

A técnica *bottom up* parece ser racional e prudente. No entanto, muitos projetos têm seus orçamentos definidos pela técnica oposta: de cima para baixo ou *top down*. Nesse modelo, o gerente recebe um orçamento total pré-aprovado e deve dividir esse total pelas diversas partes da EAP até chegar ao nível da atividade. Evidentemente o risco de não conseguir cumprir o orçamento aumenta tremendamente e o PMI (2013a) sugere que essa técnica seja abandonada. Essa visão parece exagerada. Se lembrarmos a análise de estimativas do capítulo 2, veremos que as estimativas de custos, assim como as de prazos, sempre estão ligadas a determinado nível de risco. Não existem estimativas certas ou erradas do ponto de vista absoluto, mas as que obedecem ou não o nível de risco que os executores do projeto decidem correr. O modelo *top down* tem, sem dúvida, um alto nível de risco, mas tem a vantagem de exigir muito pouco investimento em termos de tempo e dinheiro. No modelo *bottom up*, muitas vezes precisamos levantar grandes quantidades de informação para sermos capazes de gerar as estimativas. Levantar essas informações gasta tempo e dinheiro.

Imhotep, como gerente experiente, sabe que não pode simplesmente ignorar as pressões por atender aos desejos do cliente e adaptar seu orçamento usando *top down*. No entanto, ele também sabe que não deve se comprometer com valores arbitrários. Sua solução é: sempre que recebe um valor definindo o desejo do cliente ou da área de vendas, ele o compara ao orçamento que puder construir usando *bottom up*. Nem sempre ele tem todas as informações de que gostaria e tem de complementar essa ignorância com uma série de premissas sobre o projeto. Por exemplo, não sabendo exatamente onde é o terreno em que será construída a tumba, ele não dispõe de uma análise geológica que defina o custo de escavação. Ele, então, pode usar como premissa que a composição do solo será a composição média do Vale dos Reis, ajustando essa estimativa com um fator de risco. Dessa maneira ele disporá de um orçamento *bottom up* aproximado, que pode ser comparado com o desejo do cliente. Se a diferença for adequada ao nível de risco que a empresa deseja correr, ela pode fechar o negócio, caso contrário deve declinar da participação.

Orçamentos contábil e financeiro

A estimativa individual de cada atividade, bem como a estimativa do valor total do projeto são informações importantes, mas devem ser complementadas por duas visões muito importantes para os gestores das empresas: as visões contábil e financeira.

A visão contábil informa aos gestores como será gasto o orçamento. O detalhe dessa visão pode chegar ao ponto de definir o quanto gastaremos com materiais, com equipamentos e com pessoas. Essas informações podem ser organizadas de várias maneiras, mas o foco é na resposta à pergunta: no que Imhotep gastará o dinheiro do projeto?

A visão contábil tem ganhado força nos últimos anos graças aos escândalos de grandes empresas. Muitos governos têm criado mecanismos para, por exemplo, definir o valor correto de cada ativo da empresa. Se um projeto gera vários ativos contábeis, ele deve ser capaz de definir o quanto do orçamento foi para cada ativo. Isso é particularmente importante quando esses ativos têm diferentes taxas de depreciação.

Um exemplo de um orçamento estimado, do ponto de vista contábil, pode ser visualizado no quadro 9.

Quadro 9
ORÇAMENTO – VISÃO CONTÁBIL

Nome da tarefa	Custos fixos	Tipo de acumulação	Custo total	Linha de base	Variação	Realizado	Restante
Fazer acabamento do interior da tumba	R$10.000.000,00	*Pro rata*	R$ 10.000.000,00	R$ 0,00	R$10.000.000,00	R$ 0,00	R$10.000.000,00
Construir fachada da tumba	R$ 5.000.000,00	*Pro rata*	R$ 5.000.000,00	R$ 0,00	R$ 5.000.000,00	R$ 0,00	R$ 5.000.000,00
5.1. Escavação	R$ 4.000.000,00	*Pro rata*	R$ 4.000.000,00	R$ 0,00	R$ 4.000.000,00	R$ 0,00	R$ 4.000.000,00
Construir pilares e vigas de sustentação	R$ 2.000.000,00	*Pro rata*	R$ 2.000.000,00	R$ 0,00	R$ 2.000.000,00	R$ 0,00	R$ 2.000.000,00
Criar esculturas	R$ I.000.000,00	*Pro rata*	R$ 1.000.000,00	R$ 0,00	R$ 1.000.000,00	R$ 0,00	R$ 1.000.000,00
Executar estudos de impacto ambiental	R$ 500.000,00	*Pro rata*	R$ 500.000,00	R$ 0,00	R$ 500.000,00	R$ 0,00	R$ 500.000,00
3.2. Engenharia	R$ 400.000,00	*Pro rata*	R$ 400.000,00	R$ 0,00	R$ 400.000,00	R$ 0,00	R$ 400.000,00
Elaborar plano de controle ambiental	R$ 300.000,00	*Pro rata*	R$ 300.000,00	R$ 0,00	R$ 300.000,00	R$ 0,00	R$ 300.000,00
3.1Arquitetura	R$ 300.000,00	*Pro rata*	R$ 300.000,00	R$ 0,00	R$ 300.000,00	R$ 0,00	R$ 300.000,00
6.1 Pinturas	R$ 300.000,00	*Pro rata*	R$ 300.000,00	R$ 0,00	R$ 300.000,00	R$ 0,00	R$ 300.000,00
Elaborar Rima – relatório de impacto	R$ 200.000,00	*Pro rata*	R$ 200.000,00	R$ 0,00	R$ 200.000,00	R$ 0,00	R$ 200.000,0
Obter licença final	R$ 200.000,00	*Pro rata*	R$ 200.000,00	R$ 0,00	R$ 200.000,00	R$ 0,00	R$ 200.000,00
Levantar as certidões negativas necessárias	R$ 200.000,00	*Pro rata*	R$ 200'000,00	R$ 0,00	R$ 200.000,00	R$ 0,00	R$ 200.000,00
Gerenciar o projeto	R$ 100.000,00	*Pro rata*	R$ l00.000,00	R$ 0,00	R$ 100.000,00	R$ 0,00	R$ 100.000,00
Obter licença prévia	R$ 100.000,00	*Pro rata*	R$ l00.000,00	R$ 0,00	R$ 100.000,00	R$ 0,00	R$ 100.000,00
Elaborar o contrato de aquisição da área	R$ 100.000,00	*Pro rata*	R$ 100.000,00	R$ 0,00	R$ 100.000,00	R$ 0,00	R$ 100.000,00
Negociar a proposta de compra	R$ 100.000,00	*Pro rata*	R$ 100.000,00	R$ 0,00	R$ 100.000,00	R$ 0,00	R$ 100.000,00
Eretuar o registro de compra	R$ 100.000,00	*Pro rata*	R$ 100.000,00	R$ 0,00	R$ 100.000,00	R$ 0,00	R$ 100.000,00
Instalar esculturas	R$ 100.000,00	*Pro rata*	R$ 100.000,00	R$ 0,00	R$ 100.000,00	R$ 0,00	R$ 100.000,00
Entregar rascunho do plano de projeto	R$ 50.000,00	*Pro rata*	R$ 50.000,00	R$ 0,00	R$ 50.000,00	R$ 0,00	R$ 50.000,00
Entregar plano de projeto final aprovado	R$ 50.000,00	*Pro rata*	R$ 50.000,00	R$ 0,00	R$ 50.000,00	R$ 0,00	R$ 50.000,00
Registrar o contrato de compra	R$ 50.000,00	*Pro rata*	R$ 50.000,00	R$ 0,00	R$ 50.000,00	R$ 0,00	R$ 50.000,00
Elaborar e registrar a escritura de compra	R$ 50.000,00	*Pro rata*	R$ 50.000,00	R$ 0,00	R$ 50.000,00	R$ 0,00	R$ 50.000,00
Definir e encomendar esculturas	R$ 50.000,00	*Pro rata*	R$ 50.000,00	R$ 0,00	R$ 50.000,00	R$ 0,00	R$ 50.000,00
Obter certidão da prefeitura municipal	R$ 30.000,00	*Pro rata*	R$ 30.000,00	R$ 0,00	R$ 30.000,00	R$ 0,00	R$ 30.000,00
Levantar e avaliar as leis municipais	R$ 20.000,00	*Pro rata*	R$ 20.000,00	R$ 0,00	R$ 20.000,00	R$ 0,00	R$ 20.000,00
Reunião de abertura oficial do projeto	R$ l0.000,00	*Pro rata*	R$ 10.000,00	R$ 0,00	R$ 10.000,00	R$ 0,00	R$ 10.000,00
Reunião de encerramento	R$ l0.000,00	*Pro rata*	R$ 10.000,00	R$ 0,00	R$ 10.000,00	R$ 0,00	R$ 10.000,00
Assinar o contrato de compromisso	R$ l0.000,00	*Pro rata*	R$ 10.000,00	R$ 0,00	R$ 10.000,00	R$ 0,00	R$ 10.000,00
Efetuar o processo de pagamento da área	R$ l0.000,00	*Pro rata*	R$ 10.000,00	R$ 0,00	R$ 10.000,00	R$ 0,00	R$ 10.000,00
Assinatura do contrato Nilo	R$ 0,00	*Pro rata*	R$ 0,00	R$ 0,00	R$ 0,00	R$ 0,00	R$ 0,00
Construir vila de operários	R$ 0,00	*Pro rata*	R$ 0,00	R$ 0,00	R$ 0,00	R$ 0,00	R$ 0,00
Montar canteiro de obras	R$ 0,00	*Pro rata*	R$ 0,00	R$ 0,00	R$ 0,00	R$ 0,00	R$ 0,00
Implantar segurança física contra saqueadores	R$ 0,00	*Pro rata*	R$ 0,00	R$ 0,00	R$ 0,00	R$ 0,00	R$ 0,00
Criar estrutura de dejetos	R$ 0,00	*Pro rata*	R$ 0,00	R$ 0,00	R$ 0,00	R$ 0,00	R$ 0,00
Desmontar Infraestrutura	R$ 0,00	*Pro rata*	R$ 0,00	R$ 0,00	R$ 0,00	R$ 0,00	R$ 0,00
	R$ 25.340.000,00		R$ 25.340.000,00	R$ 0,00	R$ 25.340.000,00	R$ 0,00	R$ 25.340.000,00

Quadro 10

ORÇAMENTO – VISÃO FINANCEIRA

	29-4-2007	6-5-2007	13-5-2007	20-5-2007
PROJETO TUMBA				
Assinatura do contrato Nilo				
1. Gerenciamento do projeto				
Gerenciar o projeto	R$ 847,46	R$ 847,46	R$ 847,46	R$ 847,46
Entregar rascunho do plano de projeto		R$ 50.000,00		
Entregar plano de projeto final aprovado				
Reunião de abertura oficial do projeto com todos os interessados				
Reunião de encerramento				
2. Preparação				
2.1. Impacto ambiental				
2.1.1. Licença prévia				
Levantar e avaliar as leis municipais	R$ 10.000,00	R$ 10.000,00		
Obter certidão da prefeitura municipal			R$ 2.500,00	R$ 2.500,00
Executar estudos de impacto ambiental – EIA				
Elaborar RIMA – Relatório de Impacto Ambiental				
Obter licença prévia				
2.1.2. Licença de instalação				
Elaborar plano de controle ambiental – PCA				
Obter da licença final				
2.2. Aquisição do terreno				
Elaboraração da proposta de compra				
Elaborar o contrato de aquisição da área	R$ 100.000,00			
Levantar as certidões negativas necessárias				

Outra importante visualização dos custos é o cronograma de desembolso, também chamado de fluxo de caixa do projeto. O cronograma de desembolso é muito importante porque associa os custos de cada atividade ao cronograma, permitindo que Imhotep analise o desembolso e o custo médio de cada atividade. A área financeira da empresa precisa dessa visão para planejar os investimentos e empréstimos que deve fazer para garantir que o projeto não pare por falta de dinheiro em caixa. Um exemplo dessa visão financeira, que responde à pergunta de quando Imhotep gastará cada parte do dinheiro orçado, é mostrada no quadro 10.

Controle de custos

Outra questão muito importante para Imhotep é o controle de custos do projeto, que busca as causas das variações positivas e negativas dos custos e é formado:

- pelo controle dos fatores que geram mudanças na linha de base dos custos;
- pela garantia de que houve consenso em relação às mudanças solicitadas;
- pela monitoração das mudanças reais enquanto ocorrem;
- pela garantia de que possíveis estouros nos custos não ultrapassem o orçamento total do projeto;
- pelo registro das mudanças adequadas em relação à linha de base dos custos;
- pela informação às partes interessadas das mudanças aprovadas;
- pela manutenção de eventuais estouros de orçamento dentro de limites razoáveis.

Imhotep também definiu que a avaliação de desempenho do projeto Tumba do Faraó será realizada por meio da análise de valor agregado, na qual o custo e o cronograma são acompanhados em um único processo de controle (um papiro de análise de valor agregado).

Como Imhotep sabia que imprevistos poderiam acontecer, conseguiu com o faraó uma reserva gerencial de 1,267 milhão de moedas de ouro (5% do orçamento total), divididas em reservas de contingência e outras reservas, que compõem o custo final do projeto.

As reservas de contingência são destinadas ao gerenciamento de riscos, vistos a seguir, enquanto as outras reservas são para eventos não contemplados nos riscos do projeto.

A utilização das reservas gerenciais foi aprovada nos limites mostrados no quadro 11.

Quadro 11
RESERVAS

	Reservas de contingência	Outras reservas
Apenas Imhotep	Até 50% do total das reservas de contingência.	Até 50% do total de outras reservas.
Imhotep com o aval do faraó	Acima de 50% do total das reservas de contingência.	Acima de 50% do total das reservas de contingência.

Lidando com riscos

Imhotep, um experiente gerente de projetos, sabia que todos os empreendimentos estão sujeitos a riscos negativos e que uma das formas de diminuir sua probabilidade e impacto para o projeto é o correto gerenciamento. Além disso, esse mesmo gerenciamento pode objetivar o aumento da probabilidade e o impacto dos chamados riscos positivos, ou seja, aqueles que ajudam seu desenvolvimento.

Os riscos têm origem na própria característica de unicidade dos projetos, podendo ser divididos em riscos conhecidos e desconhecidos. Os primeiros podem ser tratados por meio de técnicas conhecidas, enquanto os desconhecidos não podem ser tratados proativamente e, nesse caso, é necessária a criação de uma reserva de contingência.

Imhotep iniciou essa tarefa planejando o gerenciamento dos riscos e, para tanto, decidiu como abordar e executar as atividades relacionadas a essa área. Ele sabia que esse planejamento era essencial para que o nível, o tipo e a visibilidade do gerenciamento de riscos estivessem de acordo com o risco e a importância do projeto Tumba para o Faraó, dedicando tempo e recursos a tal gerenciamento.

Identificando os riscos

Imhotep tratou de identificar os riscos que podem afetar o projeto, envolvendo toda a sua equipe, especialistas externos e o próprio faraó. Ele estava primariamente interessado em riscos que o impedissem de cumprir seus objetivos de custo, prazo, escopo, qualidade e satisfação dos *stakeholders* (intervenientes) e sabia que esse era um processo iterativo, já que novos riscos poderiam aparecer durante a execução das atividades.

Muitas são as técnicas que podem ser usadas na identificação de riscos. A mais simples delas é uma reunião com diversos envolvidos, pedindo que eles exponham seus receios. Aqueles pessimistas, que vivem reclamando e dizendo que tudo vai dar errado, se tornam valiosos recursos durante essa reunião.

Outra técnica é conhecida como *risk profile*. Uma *risk profile* é uma lista de perguntas relacionadas com coisas que deram errado em projetos passados e que servem para aumentar a paranoia da equipe. Essas listas ajudam a identificar pontos fracos no projeto atual a partir de experiências passadas.

Um exemplo de *risk profile* é mostrado no quadro 12.

Quadro 12

EXEMPLO DE RISK PROFILE

Fontes de risco	Perguntas sobre riscos
Ambiente	Faltam ferramentas necessárias para a gerência do projeto?
Ambiente	Faltam ferramentas necessárias para o desenvolvimento do produto?
Cliente	Trata-se de um cliente desconhecido?
Cliente	O cliente parece resistente à formalização?
Cliente	O cliente parece não engajado no projeto?
Cliente	O cliente parece não aceitar as regras acordadas para o projeto?
Equipe	Falta experiência à coordenação?
Equipe	Falta experiência à equipe?
Equipe	A equipe é desconhecida?
Equipe	Existem membros trabalhando *part time* no projeto?
Equipe	O *turnover* da equipe pode ser um problema?

Uma vez identificados os riscos, é fundamental que eles sejam descritos de forma não ambígua e que destaque os dois componentes do risco: as causas e as consequências. Mais adiante, veremos que a força das causas é expressa em uma probabilidade e que a força das consequências é expressa em um impacto. Desta forma, é essencial que a descrição do risco facilite esta avaliação. Normalmente usamos frases com a estrutura: "Se <causa>, então <efeito>". É importante que você, leitor, na hora de criar estas descrições, não cometa o erro de confundir uma reação ao risco com o efeito do risco. Por exemplo:

- "*Se* ocorrerem problemas técnicos em atividades críticas, *então* o projeto poderá atrasar e gerar a ocorrência de multas contratuais" está correto;

- "*Se* ocorrerem problemas técnicos em atividades críticas, *então* pagaremos horas extras" está errado. O pagamento de horas extras é uma reação ao risco e é apenas uma possibilidade entre outras.

Uma vez identificados os riscos por Imhotep, eles foram agrupados em uma estrutura similar à EAP, chamada de estrutura analítica dos riscos (EAR), ou *risk breakdown structure* (RBS), mostrada na figura 30. Cada item da EAR é conhecido como uma categoria de riscos ou uma fonte de riscos. Esse agrupamento visa facilitar a gestão e o reporte de informações sobre os riscos. Dessa forma, a criação da EAR é feita de forma bem livre, seguindo os interesses da gestão do projeto e do cliente. Para encontrar a melhor categoria para cada risco devemos olhar para sua causa e não para sua consequência.

Figura 30
Estrutura analítica dos riscos

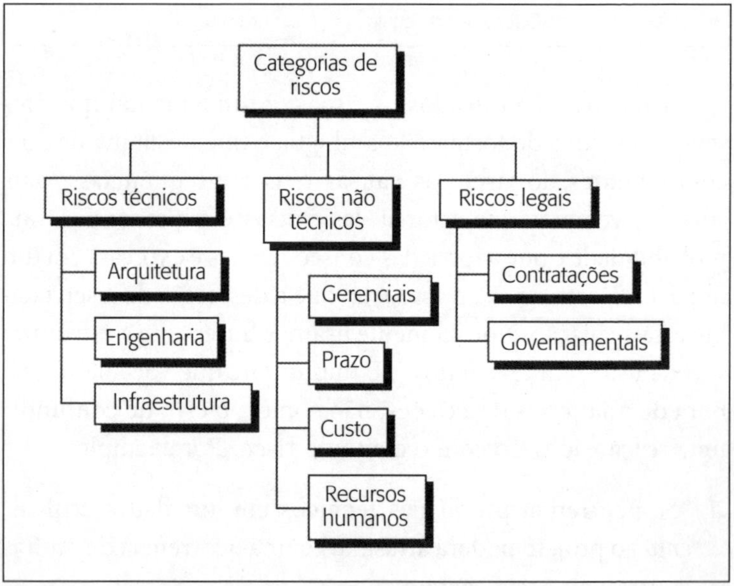

A partir dessa estrutura básica, conseguimos identificar os diversos riscos mostrados no quadro 13.

Quadro 13

Riscos identificados via EAR

Categoria do risco	Subcategoria do risco	Descrição do risco
Risco técnico	Arquitetura	Se o projeto de arquitetura não for aprovado pelo faraó, então teremos retrabalho e atrasos.
Risco técnico	Arquitetura	Se a arquitetura aprovada pelo faraó for impossível de ser executada, então teremos retrabalho e atrasos.
Risco técnico	Infraestrutura	Se a construção da vila dos operários não ficar pronta para a obra, então teremos problemas com a disponibilidade de mão de obra.
Risco não técnico	Prazo	Se ocorrerem problemas técnicos em atividades críticas, então o projeto poderá atrasar e gerar a ocorrência de multas contratuais.
Risco não técnico	Custo	Se ocorrerem aumentos nos custos de matérias-primas, então o projeto poderá gerar prejuízos.
Risco não técnico	Custo	Se os recursos orçamentários não forem disponibilizados no prazo, então poderá haver paralisação do trabalho por falta de verba.
Risco não técnico	Recursos humanos	Se os engenheiros especialistas pedirem demissão, então podemos ter dificuldades em manter a qualidade.
Risco não técnico	Recursos humanos	Se ocorrer fuga dos escravos, então poderemos ter atrasos por falta de mão de obra.
Riscos legal	Governamental	Se não conseguirmos obter as licenças, então teremos atrasos ou até a inviabilização do projeto.
Risco legal	Governamental	Se o faraó falecer antes da entrega da tumba, então teremos dificuldades com a continuidade do projeto.

Analisando os riscos

Em seguida, Imhotep tratou de realizar a análise qualitativa dos riscos identificados, avaliando sua prioridade por meio da probabilidade de ocorrência, e seu impacto nos objetivos definidos, além de fatores como a tolerância a risco e restrições de custo, prazo, escopo e qualidade do projeto. Imhotep pode optar por dois caminhos para fazer a análise qualitativa: a qualificação ou a quantificação. No caso da qualificação, que descreveremos primeiro, são usadas escalas para a probabilidade e para o impacto. No caso da quantificação, por outro lado, a probabilidade é medida como um número entre 0% e 100%, e o impacto, como uma perda em dinheiro.

Como dissemos, no caso da qualificação usamos escalas. Recomendamos o uso de escalas com três, cinco ou sete valores, de modo a obter maior consistência na avaliação subjetiva. Com três valores obtém-se alta consistência, mas baixa sensitividade. Com sete acontece o contrário. Por isso escalas com cinco valores são normalmente utilizadas. Um exemplo simples é mostrado no quadro 14.

Quadro 14

ESCALA DE PROBABILIDADES

Valor numérico	Descrição
1	Muito baixa
2	Baixa
3	Média
4	Alta
5	Muito alta

Da mesma forma que para probabilidades, normalmente criamos escalas numéricas para cada tipo de impacto. Mas, para facilitar o uso, nesse caso podemos criar critérios mais claros para cada nível. Um exemplo simples, com critérios para impacto no custo, é mostrado no quadro 15. Critérios semelhantes poderiam ser criados para impactos no prazo, escopo, qualidade e satisfação dos *stakeholders*.

Quadro 15

ESCALA DE IMPACTO

Valor numérico	Descrição	Critério para impacto em custo
1	Muito baixo	Aumento insignificante no custo.
2	Baixo	Aumento no custo de menos do que 10.000 moedas por dia.
3	Médio	Aumento no custo de 10.000 a 50.000 moedas por dia.
4	Alto	Aumento no custo de 50.001 a 100.000 moedas por dia.
5	Muito alto	Aumento no custo de mais do que 100.000 moedas por dia.

A avaliação de Imhotep sobre a probabilidade e o impacto de cada risco do projeto é mostrada no quadro 16.

Quadro 16

ANÁLISE DOS RISCOS POR QUALIFICAÇÃO

Descrição do risco	Probabilidade	Impacto	Exposição
Se o projeto de arquitetura não for aprovado pelo faraó, *então* teremos retrabalho e atrasos.	Média	Alto	Média
Se a arquitetura aprovada pelo faraó for impossível de ser executada, *então* teremos retrabalho e atrasos.	Baixa	Alto	Média

continua

Descrição do risco	Probabilidade	Impacto	Exposição
Se a construção da vila dos operários não ficar pronta para a obra, *então* teremos problemas com a disponibilidade de mão de obra.	Muito baixa	Médio	Fraca
Se acontecerem problemas técnicos em atividades críticas, *então* o projeto poderá atrasar e gerar a ocorrência de multas contratuais.	Baixa	Alto	Média
Se ocorrerem aumentos nos custos de matérias-primas, *então* o projeto poderá gerar prejuízos.	Muito alta	Médio	Forte
Se os recursos orçamentários não forem disponibilizados no prazo, *então* pode haver paralisação do trabalho por falta de verba.	Baixa	Alto	Média
Se os engenheiros especialistas pedirem demissão, *então* podemos ter dificuldades em manter a qualidade.	Baixa	Baixo	Fraca
Se ocorrer fuga dos escravos, *então* poderemos ter atrasos por falta de mão de obra.	Média	Médio	Média
Se não conseguirmos obter as licenças, *então* teremos atrasos ou até a inviabilização do projeto.	Alta	Muito alto	Forte
Se o faraó falecer antes da entrega da tumba, *então* teremos dificuldades com a continuidade do projeto.	Muito baixa	Muito alto	Média

Para determinar a importância de um risco, não basta apenas ver, isoladamente, sua probabilidade ou seu impacto. É necessário levar as duas dimensões em consideração, simultaneamente. Chamamos a isso de exposição do risco. Um expediente simples e muito usado para definir exposição é multiplicar os valores numéricos da escala de probabilidade pelos da escala impacto, de modo a obter uma estimativa da exposição ao risco. Um modelo ligeiramente mais sofisticado é a utilização de matrizes como a mostrada no quadro 17. Nessas matrizes, a probabilidade é uma das dimensões e o impacto a outra. A célula definida pelo cruzamento das duas dimensões define a política da empresa sobre como deve ser encarado aquele risco em particular. O resultado da aplicação do quadro 17 aos riscos do projeto é mostrado na coluna de exposição do quadro 16.

Quadro 17

PROBABILIDADE × IMPACTO => EXPOSIÇÃO

Probabilidade					
5	Média	Média	Forte	Forte	Forte
4	Fraca	Média	Média	Forte	Forte
3	Fraca	Média	Média	Média	Forte
2	Fraca	Fraca	Média	Média	Média
1	Fraca	Fraca	Fraca	Média	Média
	1	2	3	4	5
			Impacto		

Alternativamente, Imhotep poderia optar por fazer uma análise dos riscos por quantificação, usando uma probabilidade numérica, expressando o impacto em termos de dinheiro e calculando a exposição em termos de valor esperado, ou seja, a multiplicação da probabilidade pelo impacto. O resultado dessa análise é mostrado no quadro 18.

Quadro 18

ANÁLISE DOS RISCOS POR QUANTIFICAÇÃO

Descrição do risco	Probabilidade	Impacto	Exposição
Se o projeto de arquitetura não for aprovado pelo faraó, *então* teremos retrabalho e atrasos.	20%	3.000.000	600.000
Se a arquitetura aprovada pelo faraó for impossível de ser executada, *então* teremos retrabalho e atrasos.	10%	4.000.000	400.000

continua

Descrição do risco	Probabilidade	Impacto	Exposição
Se a construção da vila dos operários não ficar pronta para a obra, *então* teremos problemas com a disponibilidade de mão de obra.	5%	1.500.000	75.000
Se ocorrerem problemas técnicos em atividades críticas, *então* o projeto poderá atrasar e gerar a ocorrência de multas contratuais.	10%	3.000.000	300.000
Se ocorrerem aumentos nos custos de matérias-primas, *então* o projeto poderá gerar prejuízos.	40%	1.500.000	600.000
Se os recursos orçamentários não forem disponibilizados no prazo, *então* pode haver paralisação do trabalho por falta de verba.	10%	5.000.000	500.000
Se os engenheiros especialistas pedirem demissão, *então* podemos ter dificuldades em manter a qualidade.	10%	500.000	50.000
Se ocorrer fuga dos escravos, *então* poderemos ter atrasos por falta de mão de obra.	20%	1.500.000	300.000
Se não conseguirmos obter as licenças, *então* teremos atrasos ou até a inviabilização do projeto.	30%	10.000.000	3.000.000
Se o faraó falecer antes da entrega da tumba, *então* teremos dificuldades com a continuidade do projeto.	5%	25.000.000	1.250.000

A análise por quantificação é mais rica do que a feita por qualificação. Com ela é possível, por exemplo, obter a:

- quantificação dos possíveis resultados do projeto e suas probabilidades;
- avaliação da probabilidade de alcance dos objetivos específicos estabelecidos;
- identificação dos riscos mais relevantes;

- identificação de metas realistas de custo, cronograma e escopo;
- determinação das melhores decisões em condições incertas.

No entanto, esse poderoso instrumento tem um ponto fraco, que é a determinação das probabilidades e impactos com precisão suficiente para que a matemática não se torne um instrumento de ilusão. Para o cálculo confiável de probabilidades é necessário um investimento em bases históricas e análises estatísticas. Raramente tais bases estão disponíveis e o custo de construí-las deve ser pensado em relação ao benefício. Por outro lado, muitos tipos de impacto, como o que envolve perda de vidas, não podem ser adequadamente transformados em valores monetários. E aqueles que podem frequentemente exigem investimentos em pesquisas para determinação dos valores. Como sem o suporte de bases de dados e pesquisas, os dados podem ter – e frequentemente têm – uma margem de erro excessiva, podemos ficar na situação de usar cálculos poderosos em cima de dados ruins, o que pode levar a decisões questionáveis, tomadas com uma aparência de precisão matemática.

Definindo respostas para os riscos

Em seguida, Imhotep passou a desenvolver opções de ações para o aumento das oportunidades e redução das ameaças aos objetivos do projeto, por meio do plano de resposta aos riscos. Esse planejamento gerencia os riscos de acordo com sua prioridade, e as respostas devem ser adequadas à priorização dos riscos, para que não haja desperdícios.

As estratégias para riscos negativos são:

- desconhecimento ou aceitação passiva – nesse caso, Imhotep não faz nada em relação ao risco. Isso, naturalmente, ocorre com os riscos que não foram identificados, mas também com aqueles considerados de exposição muito baixa. Se o risco virar um evento, Imhotep criará um *workaround*, ou seja, uma resposta emergencial não planejada;

- aceitação ativa ou reação – Imhotep planejará com antecedência o que fará no caso de o risco se tornar um evento real. Essa resposta planejada é chamada de contingência e tem mais chance de sucesso que um *workaround*. A equipe monitora o risco desde o início do projeto, preferencialmente com a ajuda de um indicador. Se o risco se materializar, ou se estiver na iminência de se tornar um evento, a contingência será acionada;
- mitigação da probabilidade – a partir dessa estratégia, estaremos optando por respostas preventivas. Nesse caso, uma ação é realizada de modo a diminuir a probabilidade de o risco se materializar;
- mitigação do impacto – nesse caso, a ação preventiva diminui o impacto do evento, caso ele ocorra;
- transferência – nesse caso, Imhotep não interfere nem na probabilidade nem no impacto. Ele simplesmente repassa a responsabilidade pelo impacto para uma terceira parte. O exemplo mais comum é a compra de um seguro;
- eliminação ou evitação – nesse caso, temos uma ação preventiva radical para eliminar as causas dos riscos, zerando a probabilidade de sua ocorrência. Isso normalmente significa mudar o projeto de alguma forma significativa, incluindo alterações drásticas no escopo.

O planejamento das respostas aos riscos gerou a lista apresentada no quadro 19.

Quadro 19

Análise qualitativa de riscos

Descrição do risco	Tratamento	Resposta ao risco
Se o projeto de arquitetura não for aprovado pelo faraó, *então* teremos retrabalho e atrasos.	Mitigação de probabilidade	Envolver o faraó no processo de criação da arquitetura e acompanhar suas expectativas.
Se a arquitetura aprovada pelo faraó for impossível de ser executada, *então* teremos retrabalho e atrasos.	Mitigação de probabilidade	Envolver a equipe de engenharia na elaboração do projeto de arquitetura e a equipe de arquitetura no projeto de engenharia.
Se a construção da vila dos operários não ficar pronta para a obra, *então* teremos problemas com a disponibilidade de mão de obra.	Reação	Alojar os operários na vila dos servos do faraó.
Se ocorrerem problemas técnicos em atividades críticas, *então* o projeto poderá atrasar e gerar a ocorrência de multas contratuais.	Reação	Contratar especialistas externos para solução de problemas.
Se ocorrerem aumentos nos custos de matérias-primas, *então* o projeto poderá gerar prejuízos.	Transferência	Contratar matéria-prima junto com os serviços a preço preestabelecido.
Se os recursos orçamentários não forem disponibilizados no prazo, *então* pode haver paralisação do trabalho por falta de verba.	Mitigação de impacto	Obter uma linha de crédito pré-aprovada para eventuais problemas de disponibilidade de recursos financeiros.
Se os engenheiros especialistas pedirem demissão, *então* podemos ter dificuldades em manter a qualidade.	Mitigação de probabilidade	Criar programa de participação no lucro para os especialistas que ficarem até o final do projeto.
Se ocorrer fuga dos escravos, *então* poderemos ter atrasos por falta de mão de obra.	Mitigação de impacto	Utilizar preferencialmente trabalhadores livres.
Se não conseguirmos obter as licenças, *então* teremos atrasos ou até a inviabilização do projeto.	Mitigação de probabilidade	Contratar empresa especialista que conheça os requisitos dos órgãos ambientais e que atue no Vale dos Reis.
Se o faraó falecer antes da entrega da tumba, *então* teremos dificuldades com a continuidade do projeto.	Reação	Negociar com o sucessor do faraó.

Controlando os riscos

Imhotep também desenvolveu um sistema de controle de mudanças nos riscos, no qual em cada reunião serão expostos os riscos já detectados de cada fase, os novos riscos que a área de risco identificar e os novos riscos determinados pelas outras áreas.

Como outros objetivos, Imhotep buscou verificar:

- se as premissas do projeto continuavam válidas;
- se o risco permanecia ou não no seu estágio avaliado, observando suas tendências;
- se os procedimentos de gerenciamento de riscos estavam sendo seguidos;
- se as reservas de contingência deveriam ser alteradas, dados os riscos identificados.

Todos os riscos determinados anteriormente e os novos riscos apresentados na reunião serão discutidos e avaliados. Caso seja pertinente, a relação de riscos será atualizada e distribuída a todos os integrantes do projeto imediatamente. A avaliação e o acompanhamento dos riscos, apesar de serem responsabilidade principal da área de riscos, é também responsabilidade de todos os envolvidos no projeto.

Neste capítulo, vimos como definir uma visão financeira e uma visão contábil dos gastos do projeto a partir do cronograma e da EAP. Também vimos técnicas para identificação, análise e controle de riscos. Nosso próximo capítulo continua enriquecendo o planejamento do projeto, incluindo as áreas de comunicação e qualidade.

Figura 31

Fluxo de acompanhamento dos riscos

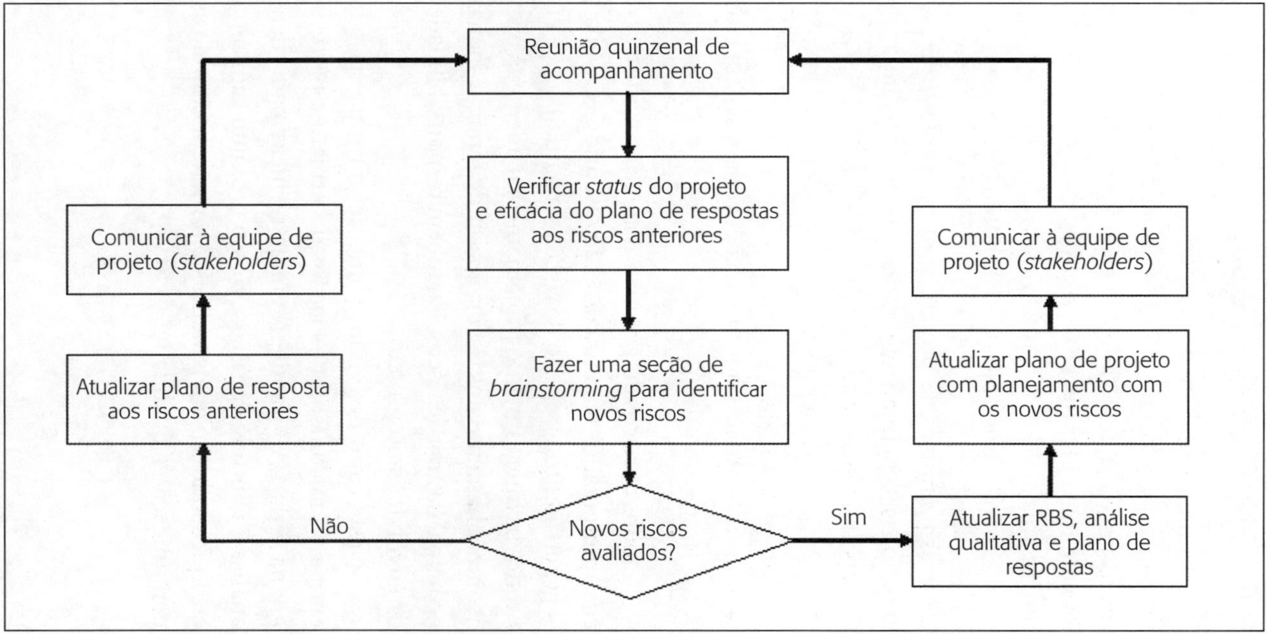

4

Comunicação, qualidade e *stakeholders*

No capítulo 3, estendemos nosso planejamento para as considerações de custo e risco de projeto. Neste, estudaremos três outras importantes características que devem estar presentes no projeto Tumba do Faraó: *stakeholders*, comunicação e qualidade do projeto. Essas três áreas estão profundamente interligadas e, frequentemente, uma técnica que apresentaremos para uma área pode ser útil para outra.

Na parte de gestão de *stakeholders*, veremos como identificar e priorizar requisitos vindos de diversos deles, gerando um plano de ação.

Na parte de comunicação, abordaremos a elaboração de uma matriz de comunicação, talvez o mais importante instrumento dessa área, bem como a manutenção de um plano de ação e do histórico do projeto.

Na parte referente à qualidade, falaremos de seu plano de gerenciamento.

Gestão de stakeholders

É importante que entendamos o conceito de *stakeholders*, ou partes interessadas do projeto. O PMI (2013a) define *stakeholder* como um indivíduo, grupo ou organização que pode afetar, ou ser afetada, ou mesmo ter a percepção de ser afetada, de forma positiva ou negativa, por uma decisão, atividade ou resultado do projeto. Essa é uma definição muito interessante do ponto de vista de induzir no gerente do projeto uma visão de que qualquer um pode ser um potencial *stakeholder*. Por exemplo, se fôssemos seguir a definição à risca, a esposa de Imhotep seria uma *stakeholder*, embora devamos admitir que, na prática, dificilmente ela seria tratada como tal. O próprio gerente do projeto, Imhotep, é, certamente, um importante *stakeholder*, assim como o faraó. Mas a definição dada induz a procura de intervenientes menos óbvios, mas que podem ser fundamentais para o sucesso do empreendimento.

Imhotep é responsável por fazer a integração e manter a harmonia entre todos os *stakeholders* do projeto, sem deixar de focar nos objetivos (a construção da tumba) e respeitando todas as diferentes necessidades de todos os seus colaboradores. No seu caso, essa é uma tarefa extremamente delicada, já que sua equipe no Egito é formada por recursos de diversas nacionalidades, o que implica necessidades específicas em relação a padrões culturais, religiosos e éticos.

Identificação dos stakeholders do projeto

Sabendo que gerenciar os interesses dos *stakeholders* é vital para o sucesso do projeto, Imhotep iniciou a identificação e o perfil de todos os envolvidos, para que pudesse determinar a forma mais eficaz de lidar com eles.

O quadro 20 mostra como identificar *stakeholders* em um projeto.

Quadro 20

COMO IDENTIFICAR INTERVENIENTES (STAKEHOLDERS)

Categoria	Designação	Intervenientes
Entrega de resultados	Responsáveis pela entrega dos produtos do projeto.	Equipe do projeto e alguns subcontratados.
Uso de produtos	Usuários diretos ou indiretos dos resultados do projeto.	Usuários internos ou clientes.
Autoridade financeira	Aprovam a liberação de fundos ou provisão de recursos.	Executivos, patrocinadores do projeto, gerentes de negócios, financiadores, investidores e acionistas.
Contribuintes	Fornecem insumos e serviços para o projeto.	Grupos de serviço, fornecedores e subcontratados.
Suporte a produtos	Asseguram que os produtos estão disponíveis para uso.	Grupos de suporte técnico.
Análise/auditoria	Asseguram que os processos apropriados são seguidos e a qualidade dos produtos gerados cumpre os padrões adequados.	Grupos de revisão técnica, grupos de qualidade, grupos de consumidores, auditores, agências reguladoras e agências ambientais.
Afetados pelos resultados	Afetados pelos produtos ou resultados do projeto.	Público, imprensa, sindicato, concorrentes, organizações de negociação.
Projetos relacionados	Podem afetar a capacidade do projeto de alcançar seus objetivos.	Outros gerentes de projetos, outras equipes de projeto (internos e/ou externos).

Fonte: Valle e colaboradores (2007:116).

No caso do projeto Tumba do Faraó, Imhotep identificou os seguintes intervenientes (*stakeholders*):

- o cliente e *sponsor* do projeto: o faraó;
- a equipe do projeto;
- o gerente do projeto: ele mesmo (Imhotep);
- os recursos humanos do projeto: os escravos que construirão a tumba;

- a população do Egito;
- o Conselho Real.

Análise dos stakeholders do projeto

O passo seguinte desempenhado por Imhotep é a análise dos *stakeholders*. Apresentaremos duas técnicas: o mapa de *stakeholders* e a matriz de interesses.

O mapa, mostrado na figura 32, é a técnica mais simples e começa por simplesmente alocar cada interveniente ao longo de dois eixos: o interesse pelo projeto e o poder que pode exercer. Com base nesses dois fatores os *stakeholders* são localizados em um de quatro quadrantes, cada um definindo uma estratégia básica:

- alto poder e alto interesse no projeto – essas são as pessoas com que você deve buscar ter um contato mais próximo e fazer os maiores esforços para satisfazer;
- alto poder, mas não interessadas no projeto – Imhotep deve trabalhar para manter estas pessoas satisfeitas, mas deve evitar que o excesso de informação e contato gere antagonismo ao projeto;
- baixo poder e alto interesse no projeto – essas pessoas devem ser mantidas bem-informadas e são fontes de informação antecipada de questões importantes que estejam surgindo. A equipe do projeto é o exemplo mais óbvio desse tipo de *stakeholder*;
- baixo poder e não interessadas no projeto – essas pessoas devem ser monitoradas, sem que se despenda esforço excessivo em comunicação com elas. O ponto central aqui é que tanto o poder quanto o interesse no projeto podem se modificar ao longo do tempo e Imhotep deve estar alerta a tal possibilidade.

Figura 32
MAPA DE STAKEHOLDERS

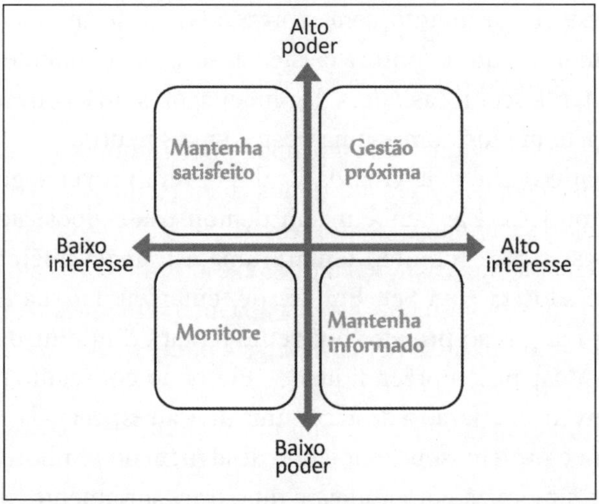

Uma variante do mapa de *stakeholders* é mostrada na figura 33. Nesse caso, o eixo vertical permanece representando o poder do *stakeholder*, mas agora o eixo horizontal representa sua atitude com relação ao projeto, que pode variar de um antagonismo extremo a um apoio incondicional. Essa variante permite uma análise dinâmica em que definimos onde o *stakeholder* está posicionado e que mudanças possíveis de posição seriam benéficas para o projeto. A figura 33 mostra três exemplos de estratégias.

- O faraó Ramsés evidentemente tem alto poder e apoia o projeto. No entanto, para o sucesso de um empreendimento dessa envergadura é necessário que o faraó se envolva ao máximo no projeto, e isso significa priorizá-lo mesmo sobre outras de suas vastas obrigações. Imhotep deve criar meios de gerar um envolvimento crescente do faraó.

- Set, irmão do faraó, é responsável por toda a logística do reino. Ele será responsável por suprir o projeto da melhor forma possível. No entanto, sem expressar isso de forma aberta, Set demonstra que é contra a existência do projeto. Imhotep deve tentar descobrir as raízes de seu antagonismo e convencê-lo a, pelo menos, tomar uma posição mais neutra.
- Maat é o chefe da Guarda Real e deverá prover segurança ao projeto. Ele também tem demonstrado oposição, mas em seu caso Imhotep tentará uma estratégia diferente da que adotara com Set. Em vez de tentar mudar sua atitude em relação ao projeto, o gerente tentará diminuir o poder de Maat no empreendimento. Ele pode conseguir isso se convencer o faraó a destacar uma divisão especial da guarda para o projeto, sob o comando de alguém que Imhotep sabe que simpatiza com a ideia e que, provisoriamente, passe a responder diretamente ao faraó.

Figura 33

Mapa de stakeholders (variante)

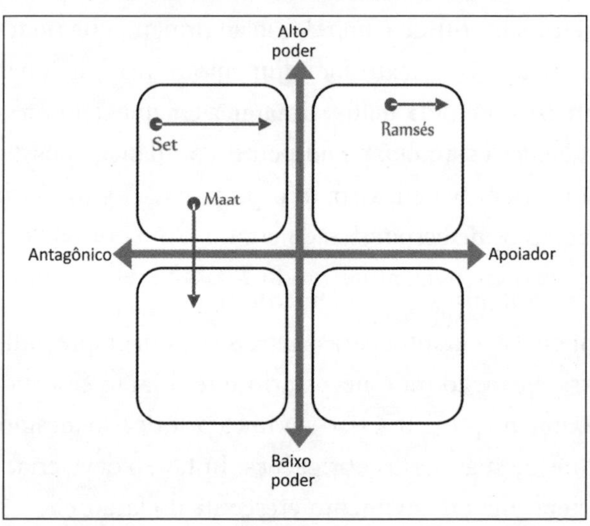

A matriz de interesses é uma análise mais estruturada e distingue os *stakeholders* por meio das seguintes características:

- comprometimento;
- suporte do *stakeholder*;
- prioridades do *stakeholder*;
- previsão de comportamento;
- poder do *stakeholder*;
- influência do *stakeholder*.

Para poder ter uma visualização global dos *stakeholders*, Imhotep desenvolveu a matriz de interesses, mostrada na figura 34.

Imhotep seguiu os seguintes passos para desenvolver essa matriz:

- listou todos os *stakeholders*;
- identificou critérios para expectativas e influências;
- ponderou cada critério;
- atribuiu percentuais para cada conjunto de pesos;
- atribuiu nota (de 1 a 3) para cada interseção de *stakeholder* e critério de expectativa e influência;
- multiplicou a nota pelo peso e gerou somatório com valor final abaixo da coluna com percentual de expectativa e influência;
- calculou a média ponderada com os somatórios de expectativa e influência, atualizando a coluna resultado;
- listou as expectativas e ações estratégicas para cada *stakeholder*.

Figura 34

MATRIZ DE INTERESSE DOS INTERVENIENTES (STAKEHOLDERS)

Intervenientes	Expectativas: Técnico	Financeiro	Político	Legal	Prazo	Meio Ambiente	Documentação	Peso	Influência: Iniciador	Filtro	Influenciador	Decisor	Comprador	Usuário	Cliente final	Peso	Resultado	Expectativas	Ação estratégica
Peso	**10**	**9**	**9**	**6**	**9**	**7**	**5**	**30%**	**9**	**7**	**10**	**9**	**8**	**9**	**10**	**70%**	**100%**		
Controladoria	1	3	2	3	3	3	3	136	3	3	3	3	3	3	3	186	171	Completar no prazo e custo	Controle efetivo
Logística	3	2	3	1	3	1	3	130	2	2	2	2	3	3	3	151	144,7	Atendimento de escopo	
Operações	2	2	1	1	3	1	2	97	3	2	2	1	3	3	3	151	134,8		
Usuários	2	1	2	1	3	2	3	109	1	1	2	1	2	3	3	118	115,3	Facilidade de uso	
Governo	1	1	1	3	1	3	1	81	1	1	1	1	1	1	2	72	74,7	Impostos e leis	Verificar aderência leis
Imprensa	1	1	1	3	1	3	1	81	1	1	1	1	1	2	3	91	88		
Acionistas	3	3	3	3	3	2	3	158	2	2	3	3	3	3	3	170	166,4	Custo e ROI	
Parceiros	2	3	2	3	3	1	2	127	1	1	3	2	2	2	3	128	127,7	Qualidade	

Escala
- 1 Baixo
- 2 Médio
- 3 Alto

Fonte: Valle e colaboradores (2007:119).

Comunicação

O gerenciamento das comunicações nos projetos tem como objetivo garantir que as informações sejam obtidas, geradas, armazenadas e enviadas para todos os participantes. Conforme pode ser visto em diversos estudos, como o relatório de *benchmarking* em empresas brasileiras (PMI/RJ, 2006), do qual falaremos ainda neste capítulo, comunicação e qualidade são áreas frequentemente negligenciadas nos projetos. O quadro 21 ilustra essa questão. Esse descaso leva a diversos problemas. De fato, o fracasso de muitos projetos pode ser diretamente conectado a problemas na comunicação.

Quadro 21

Aspectos mais considerados no planejamento de projetos

Aspectos	Resultado (%)
Prazo	100
Escopo	98
Custo	72
Recursos humanos	60
Qualidade	52
Aquisições/contratos	51
Integração	50
Comunicação	37
Riscos	36

Gerenciando a necessidade de informações dos stakeholders

Imhotep também sabia que o sucesso do projeto Tumba do Faraó estava ligado ao fornecimento adequado das informações aos *stakeholders*. Para que isso ocorresse, precisava saber quais eram suas necessidades de comunicação.

Talvez a ferramenta mais poderosa para definir e gerenciar os fluxos de informação do projeto seja a matriz de comunicação. Um exemplo é mostrado no quadro 22.

Essa matriz mostra os principais aspectos da comunicação: quem é responsável por emitir a mensagem, quem deve recebê-la, qual a frequência com que a mensagem deve ser enviada e qual formato ela deve ter.

Perceba, leitor, que a matriz deve ser montada de cima para baixo. Primeiro começamos com a necessidade de informação do *stakeholder* mais importante, no caso, o faraó. Ele nos diz que deseja informações semanais de acompanhamento, tanto na forma de um site na intranet quanto em forma de e-mail. Imhotep se colocou como responsável por essa comunicação, mas ele não é a origem das informações necessárias. É por isso que, logo abaixo na matriz, ele se coloca como receptor de informações de acompanhamento emitidas pelos responsáveis pelas atividades, estes sim, geradores da informação.

Outra ferramenta de comunicação é o plano de ação. Um exemplo é mostrado no quadro 23. Nesse plano, colocamos aquelas pendências que surgem no projeto, mas que não valem a pena serem colocadas no cronograma. São, por exemplo, ações corretivas de problemas de qualidade, levantamento de informações, resolução de problemas, ações sobre *stakeholders* entre outras. Todo item do plano de ação deve ter um responsável e uma data de previsão para solução. O plano de ação deve ser acessível a todos os interessados, em particular aos responsáveis pelas ações.

Quadro 22

MATRIZ DE COMUNICAÇÃO

Tipo de evento	Nome	Responsável	Receptores envolvidos	Frequência/ data/horário	Formato, registro e documento de apoio
Comunicação de projeto	Relatório de acompanhamento	Gerente do projeto	Patrocinador	Semanalmente, até o final da segunda-feira, com *status* até a sexta anterior.	Atualização do site do projeto com: ❑ imagem do cronograma; ❑ planilha atualizada de orçamento; ❑ documentos auxiliares do plano de projeto (p. ex.: plano de riscos). E-mail com: ❑ assunto: Tumba – *status* do projeto (data do *status*) ❑ conteúdo: 1. prinicpais realizações do período; 2. principais entregas do próximo período; 3. questões importantes pendentes.
Comunicação de projeto	*Status* da atividade	Responsáveis pela atividade	Gerente do projeto	Semanalmente, até 12h de segunda-feira com *status* até sexta anterior.	E-mail com: ❑ assunto: Tumba – *status* da atividade (nome da atividade); ❑ conteúdo: 1. data real de início; 2. data prevista de fim (revisada); 3. detalhes da evolução da atividade; 4. problemas e questões pendentes.
Controle de projeto	Aviso (aviso antecipado de possíveis problemas ou preocupações)	Gerente do projeto	Responsáveis pela atividade, outros envolvidos na solução	Na detecção da questão.	E-mail com: ❑ assunto: Tumba – aviso (nome da atividade); ❑ conteúdo: 1. atividade; 2. preocupação; 3. possível impacto; 4. sugestão.

continua

Tipo de evento	Nome	Responsável	Receptores envolvidos	Frequência/ data/horário	Formato, registro e documento de apoio
Controle de projeto	Aviso (aviso antecipado de possíveis problemas ou preocupações)	Responsáveis pela atividade	Gerente do projeto	Na detecção da questão.	E-mail com: ❑ assunto: Tumba – aviso (nome da atividade); ❑ conteúdo: 1. atividade; 2. preocupação; 3. possível impacto; 4. sugestão.
Escalamento	Incidentes não resolvidos	Gerente do projeto	Nível superior de responsabilidade	Após, no mínimo, 24 h sem resposta adequada do responsável.	E-mail com: ❑ assunto: Tumba – incidente de projeto (nome da atividade); ❑ conteúdo: 1. atividade; 2. compromisso assumido; 3. problema; 4. consequências; 5. envolvidos; 6. sugestão; 7. motivo da escalação da questão.
Escalamento	Incidentes	Gerente do projeto	Responsável pela atividade, outros envolvidos na solução	Na ocorrência do incidente.	E-mail com: ❑ assunto: Tumba – incidente de projeto (nome da atividade); ❑ conteúdo: 1. atividade; 2. compromisso assumido; 3. problema; 4. consequências; 5. envolvidos; 6. sugestão.
Escalamento	Incidentes	Responsáveis pela atividade	Gerente do projeto	Na ocorrência do incidente.	E-mail com: ❑ assunto: Tumba – incidente de projeto (nome da atividade); ❑ conteúdo: 1. atividade; 2. compromisso assumido; 3. problema; 4. consequências; 5. envolvidos; 6. sugestão.

Quadro 23

PLANO DE AÇÃO

#	Data registro	Responsável	Resolver até	Previsto para	Resolvido em	Descrição da questão	Status/solução
1							
2							
3							
4							
5							

Quadro 24

HISTÓRICO

Data registro	Registrado por	Descrição

O histórico do projeto (quadro 24) é mais uma ferramenta de comunicação que não pode ser subestimada. Nele encontramos as principais ocorrências, problemas, decisões, entre outras informações, ordenadas pela data em que ocorreram. O histórico pode ser usado na análise de lições aprendidas e pode também salvar o pescoço de Imhotep, ao ser usado como ferramenta de recuperação do passado, quando os inevitáveis conflitos surgirem no projeto.

Qualidade

Assim como comunicação, qualidade é um assunto subestimado em projetos. Mas, nesse caso, sua baixa utilização em projetos pode receber influência de um fator específico. Qualidade em projetos é um assunto difícil. A maioria das técnicas de qualidade que são conhecidas pelas organizações pressupõe que uma atividade será repetida um número indeterminado de vezes. É o caso, por exemplo, do controle estatístico de processo. Mas, em projetos, certas atividades são executadas uma única vez. Técnicas específicas se tornam necessárias. Além disso, certas melhorias de qualidade só poderão ser aplicadas no projeto seguinte, o que requer de Imhotep maturidade e desprendimento, uma vez que os benefícios de seus esforços serão colhidos por outros gerentes de projetos e, possivelmente, não por ele.

O plano de gerenciamento da qualidade

Segundo o PMI (2013a), qualidade é o grau até o qual um conjunto de características inerentes satisfaz as necessidades. Um elemento muito importante no gerenciamento da qualidade é a transformação das necessidades dos *stakeholders* em requisitos do projeto, durante o gerenciamento do escopo. Imhotep percebeu que seria muito importante que o projeto Tumba do Faraó, para ter qualidade, atingisse os seguintes princípios:

- satisfação do cliente;
- prevenção sobre inspeção;
- responsabilidade da gerência;
- melhoria contínua.

Para que isso fosse implementado, Imhotep resolveu desenvolver um plano de gerenciamento da qualidade no qual descreveu quatro elementos:

- política da qualidade – a direção desejada pelo faraó em relação à qualidade. Em muitos casos, pode ser a aplicação da política organizacional, mas as necessidades do projeto podem demandar políticas de qualidade mais específicas;
- quem é o responsável – não se trata somente do nome do gerente do projeto, no caso, Imhotep. A resposta completa endereça a infraestrutura organizacional, descrevendo os participantes, cadeias de comunicação e responsabilidades;
- para onde estamos indo? – o gerenciamento da qualidade depende do estabelecimento de metas específicas de desempenho. Isso inclui definições operacionais, que são bem mais específicas do que necessidades genéricas;
- como chegaremos lá? – a resposta para essa questão deve endereçar processos, recursos e normas técnicas relevantes, como as publicadas pela Associação Egípcia de Normas Técnicas (AENT).

O plano foi dividido em oito passos.

Passo 1 – Identificação dos clientes

A satisfação do cliente é um dos pilares da qualidade. Logo, sem que saibamos quem é o cliente, como poderemos satisfazê-lo? A primeira tarefa de Imhotep foi identificar quem são os clientes do projeto (internos, externos ou ocultos – aqueles não envolvidos diretamente, mas que podem ser afetados pelo resultado do projeto). Imhotep sabia que havia uma grande diferença entre os clientes do projeto (diversos) e o consumidor final do projeto (no caso, o faraó). E em muitos momentos, o próprio conjunto de clientes do projeto se confundia com o conjunto de *stakeholders*.

Algumas técnicas para a identificação dos clientes incluem a análise do contrato, a análise da equipe do projeto e da organização, a análise do uso do produto e os meios de produção.

Imhotep identificou os seguintes clientes para o projeto Tumba do Faraó:

- *cliente 1* – o faraó;
- *cliente 2* – a equipe do projeto (incluindo ele, gerente do projeto);
- *cliente 3* – o Conselho Real de Ministros;
- *cliente 4* – os escravos que construirão a tumba;
- *cliente 5* – a população do Egito.

Passo 2 – Priorização dos clientes

Nem todos os clientes são iguais. Se todos os clientes fossem considerados iguais, Imhotep teria um sério problema na aplicação dos recursos limitados do projeto durante sua implantação. Logo, sua função será priorizá-los, permitindo um entendimento da importância relativa dos clientes para o projeto. O propósito não é identificar clientes que devem ser ignorados ou eliminados, e sim permitir que os resultados sejam utilizados para análise.

Uma das técnicas utilizadas para a priorização dos clientes é a matriz em forma de L, descrita por Rose (2005). A matriz em L será preenchida, comparando os clientes um a um e utilizando os seguintes critérios:

- se o cliente 1 é muito mais importante que o cliente 2, devemos atribuir o valor 10;
- se o cliente 1 é mais importante que o cliente 2, devemos atribuir o valor 5;
- se o cliente 1 é tão importante quanto o cliente 2, devemos atribuir o valor 1;
- se o cliente 1 é menos importante que o cliente 2, devemos atribuir o valor 1/5;
- se o cliente 1 é muito menos importante que o cliente 2, devemos atribuir o valor 1/10.

Veja um exemplo no quadro 25.

Quadro 25
Priorização dos clientes

Priorização dos clientes	Faraó	Equipe do projeto	Conselho Real	Escravos	População	Total da linha	Valor decimal relativo	Posição de prioridade
Faraó		10,0	10,0	10,0	10,0	40,0	0,44	1
Equipe do projeto	0,1		0,2	10,0	5,0	15,3	0,17	3
Conselho Real	0,1	5,0		10,0	10,0	25,1	0,28	2
Escravos	0,1	0,1	0,1		0,1	0,4	0,00	5
População	0,1	0,2	0,1	10,0		10,4	0,11	4

Por meio dessa matriz de priorização, verificamos que o cliente mais importante para o projeto é o faraó, seguido pelo Conselho Real, pela equipe do projeto, pela população e, por último (imagine por quê...), os escravos. Portanto, para que o projeto tenha uma avaliação positiva, como sendo um projeto de qualidade que entrega um produto de qualidade, a equipe do projeto não deve medir esforços para atender ao faraó e ao Conselho Real.

Passo 3 – Identificação das necessidades

Os clientes demandam diversas necessidades no projeto. Para o atendimento dessas necessidades, é necessário que elas estejam corretamente estabelecidas, e isso deve ir bem além das necessidades genéricas. Essa etapa pode envolver entrevistas e análises com os clientes, já que muitas delas podem ser implícitas. Imhotep realizou diversas entrevistas e análises, e descobriu que as principais eram:

- *necessidade 1* – ser visualmente deslumbrante (capaz de participar do concurso das sete maravilhas do Egito);
- *necessidade 2* – ser confortável (afinal, existe vida após a morte, certo?);
- *necessidade 3* – ser durável, servindo de legado para as futuras gerações;
- *necessidade 4* – ser factível de ser construída com a mão de obra existente;
- *necessidade 5* – ser eficiente e ecológica.

Passo 4 – Priorização das necessidades

Assim como os clientes não são todos iguais, nem todas as necessidades são criadas igualmente. Um método para a priorização de necessidades, como mencionado, utiliza a matriz em forma de L desenvolvida para a priorização das necessidades, aplicando-a às necessidades individuais de cada cliente e, ao final, combinando todos os resultados em uma matriz de prioridades para o projeto.

Imhotep aplicou o conceito de priorização das necessidades utilizando a ótica de cada cliente. Veja, no quadro 26, a análise feita para o faraó.

Quadro 26

CLIENTE 1: FARAÓ

Priorização das necessidades – faraó	Deslumbrante	Confortável	Durável	Construível	Eficiente	Total da linha	Valor decimal relativo	Posição relativa
Deslumbrante		1,0	10,0	5,0	10,0	26,0	0,50	1
Confortável	1,0		5,0	5,0	5,0	16,0	0,31	2
Durável	0,1	0,2		1,0	1,0	2,3	0,04	4
Construível	0,2	0,2	1,0		5,0	6,4	0,12	3
Eficiente	0,1	0,2	1,0	0,2		1,5	0,03	5
					Total	52,2	1,00	

Logo, para o faraó, a necessidade mais importante era que a tumba fosse deslumbrante. O quadro 27 analisa a equipe do projeto.

Quadro 27

CLIENTE 2: EQUIPE DO PROJETO

Priorização das necessidades – equipe do projeto	Deslumbrante	Confortável	Durável	Construível	Eficiente	Total da linha	Valor decimal relativo	Posição relativa
Deslumbrante		0,2	0,1	0,1	0,1	0,5	0,01	5
Confortável	5,0		0,1	0,1	0,2	5,4	0,07	4
Durável	10,0	10,0		0,2	5,0	25,2	0,33	2
Construível	10,0	10,0	5,0		5,0	30,0	0,39	1
Eficiente	10,0	5,0	0,2	0,2		15,4	0,20	3
					Total	76,5	1,00	

Como se esperava, as prioridades das necessidades para a equipe do projeto eram bem diferentes das estabelecidas pelo faraó. Nesse caso, a necessidade mais importante era que a tumba fosse construível. O quadro 28 trata do Conselho Real.

Quadro 28

CLIENTE 3: CONSELHO REAL

Priorização das necessidades – Conselho Real	Deslumbrante	Confortável	Durável	Construível	Eficiente	Total da linha	Valor decimal relativo	Posição relativa
Deslumbrante		5,0	10,0	1,0	5,0	21,0	0,39	1
Confortável	0,2		1,0	0,1	0,1	1,4	0,03	5
Durável	0,1	1,0		1,0	1,0	3,1	0,06	4
Construível	1,0	10,0	1,0		5,0	17,0	0,32	2
Eficiente	0,2	10,0	1,0	0,2		11,4	0,21	3
					Total	53,9	1,00	

No caso do Conselho Real, ser deslumbrante também apareceu em primeiro lugar, mas ser construível mereceu destaque. O quadro 29 trata dos escravos.

Quadro 29
Cliente 4: escravos

Priorização das necessidades – escravos	Deslumbrante	Confortável	Durável	Construível	Eficiente	Total da linha	Valor decimal relativo	Posição relativa
Deslumbrante		1,0	1,0	0,1	0,1	2,2	0,03	4
Confortável	1,0		0,1	0,1	1,0	2,2	0,03	5
Durável	1,0	10,0		0,1	1,0	12,1	0,18	2
Construível	10,0	10,0	10,0		10,0	40,0	0,58	1
Eficiente	10,0	1,0	1,0	0,1		12,1	0,18	3
					Total	68,6	1,00	

Para os pobres escravos, ser construível, sem dúvida, era a necessidade mais importante. O quadro 30 traduz a necessidade da população.

Para a população, a necessidade de ser deslumbrante também apareceu com destaque.

A última etapa é a combinação dos resultados da priorização dos clientes com os resultados das priorizações das necessidades, de forma a obter uma priorização integrada de requerimentos e clientes. Isso é realizado multiplicando-se o valor decimal da priorização do cliente pelo valor decimal de sua necessidade individual. O resultado é mostrado no quadro 31.

Quadro 30

Cliente 5: população

Priorização das necessidades – população	Deslumbrante	Confortável	Durável	Construível	Eficiente	Total da linha	Valor decimal relativo	Posição relativa
Deslumbrante		10,0	1,0	5,0	1,0	17,0	0,31	1
Confortável	0,1		0,1	0,1	0,1	0,4	0,01	5
Durável	1,0	10,0		1,0	1,0	13,0	0,23	3
Construível	0,2	10,0	1,0		1,0	12,2	0,22	4
Eficiente	1,0	10,0	1,0	1,0		13,0	0,23	2
					Total	55,6	1,00	

Quadro 31

Balanceamento

Balanceamento	Faraó	Equipe do projeto	Conselho Real	Escravos	População	Total da linha	Valor decimal relativo	Posição relativa
Deslumbrante	0,22	0,00	0,11	0,00	0,03	0,36	0,36	1
Confortável	0,13	0,01	0,01	0,00	0,00	0,15	0,15	3
Durável	0,02	0,06	0,02	0,00	0,03	0,12	0,12	5
Construível	0,05	0,07	0,09	0,00	0,03	0,23	0,23	2
Eficiente	0,01	0,03	0,06	0,00	0,03	0,13	0,13	4
					Total	1,0	1,00	

Logo, esse resultado nos mostra que, para que o projeto seja percebido como tendo qualidade, a necessidade mais importante é ser deslumbrante (36%), seguido pela necessidade de ser construível (23%), ser confortável (15%), ser eficiente (13%) e, por último, ser durável (12%).

Passo 5 – Desenvolvimento de especificações

Em geral, normas técnicas são uma forma descritiva de fazer algo, guiando a implementação dos projetos. As especificações detalham as necessidades. Enquanto estas são genéricas, as especificações são exatas. Por exemplo, uma necessidade poderia ser descrita como "atendimento eficiente por telefone", enquanto uma especificação dessa necessidade poderia ser descrita como "responder 99% das ligações telefônicas em menos de dois toques".

Imhotep iniciou, então, o desenvolvimento das definições operacionais das cinco necessidades levantadas no projeto, além das definições dos valores específicos contra os quais o desempenho será medido:

- *Necessidade 1:* ser deslumbrante.
  Definição operacional: emocionar visualmente quem a visitar.
  Valor a ser medido: percentual de visitantes emocionados maior que 98%.

- *Necessidade 2:* ser confortável.
  Definição operacional: permitir ampla acomodação para o caixão e os bens do faraó.
  Valor a ser medido: 4.000 m^2 de área útil.

- *Necessidade 3*: ser durável.
  Definição operacional: não se desgastar com o tempo.
  Valor a ser medido: pelo menos 5 mil anos de vida útil.

- *Necessidade 4*: ser construível.
  Definição operacional: permitir sua construção utilizando materiais e mão de obra existentes.
  Valor a ser medido: término da obra em menos de 28 meses.

- *Necessidade 5*: ser eficiente.
  Definição operacional: não poluir, não utilizar energia demais nem acabar com os recursos naturais.
  Valor a ser medido: utilização de menos de 10% do PIB da economia egípcia.

Passo 6 – Garantia da qualidade

A garantia da qualidade descreve as atividades que Imhotep deve necessariamente executar para checar a performance do projeto contra o que foi planejado.

Essas tarefas incluem:

- seleção da norma ou especificação apropriada;
- utilização das definições operacionais para que Imhotep possa eleger uma atividade que coletará dados e comparará os resultados com o plano. Além disso, desenvolverá e aplicará métricas;
- definição e obtenção de recursos;
- atribuição de responsabilidades;
- junção das atividades em um plano de garantia da qualidade.

Imhotep desenvolveu, então, as atividades de garantia da qualidade para as especificações vistas anteriormente:

- *Necessidade 1: ser deslumbrante.*
  Atividade de garantia da qualidade: ____________________.
- *Necessidade 2: ser confortável.*
  Atividade de garantia da qualidade: ____________________.

- ❑ *Necessidade 3: ser durável.*
  Atividade de garantia da qualidade: ____________________.
- ❑ *Necessidade 4: ser construível.*
  Atividade de garantia da qualidade: ____________________.
- ❑ *Necessidade 5: ser eficiente.*
  Atividade de garantia da qualidade: ____________________.

Passo 7 – Controle da qualidade

O controle da qualidade está relacionado com o monitoramento de resultados específicos do projeto: checa se eles correspondem aos padrões de qualidade estabelecidos, identifica formas de eliminar resultados insatisfatórios e é realizado durante todo o projeto.

Entre as ferramentas normalmente utilizadas, podemos citar as folhas de verificação, histogramas, gráfico de Pareto, fluxogramas, diagrama de causa e efeito, diagrama de dispersão, *brainstorming*, carta de controle etc. Cada uma pode ser aplicada de acordo com a necessidade do projeto. No caso do projeto Tumba do Faraó, Imhotep decidiu implementar os gráficos de Pareto, que são representações gráficas utilizadas para exibir os fatores que contribuem para ressaltar a importância relativa entre vários problemas ou de determinadas situações. Baseiam-se no princípio de Pareto, segundo o qual 20% dos fatores respondem por 80% dos resultados.

O gráfico de Pareto é formatado em colunas, e cada coluna representa a frequência de determinado problema ou situação. As colunas são dispostas por ordem decrescente de importância, da esquerda para a direita. As principais contribuições do diagrama de Pareto, conforme Giustina (2001:56), são:

> – o diagrama sugere atenção a elementos críticos do processo. Passa, assim, a noção de prioridade a determinados aspectos. O diagrama ajuda a identificá-los;

– o diagrama permite classificar (em ordem decrescente) os elementos do processo segundo a importância da contribuição de cada um para o processo inteiro. Permite, também, organizar esses elementos em categorias, classes ou grupos;

– o diagrama, como outras ferramentas, investe na visualização global do processo, passando a ideia de que essa visão abrangente é fundamental para decisões nesse nível, sempre de porte amplo.

A ferramenta mostra onde se devem priorizar as ações de melhorias. O diagrama causa-efeito usará como base de ação esses dados.

Também apresenta as seguintes vantagens: é uma forma de adotarmos pontos de partida para a solução de determinado problema; auxilia na identificação das causas mais importantes de um problema; explicita regiões onde o estudo dos dados deve ser aprofundado; estrutura o processo de determinação das causas de um problema; e torna clara a relação ação/benefício.

Um exemplo de um diagrama de Pareto é mostrado na figura 35.

Figura 35

EXEMPLO DE DIAGRAMA DE PARETO

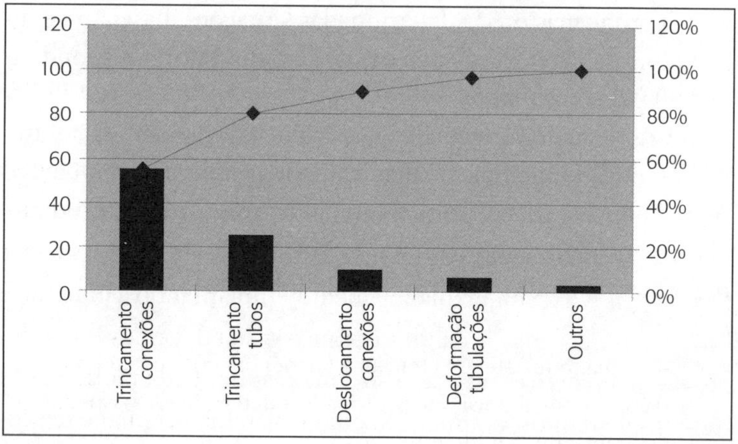

Passo 8 – Melhoria da qualidade

Imhotep sabia que não basta resolver pontualmente a questão da qualidade. Ela deve ser continuamente melhorada. Para a melhoria da qualidade, ele propôs a utilização do ciclo PDCA. Essas são as iniciais de *plan-do-check-act* (planejar, fazer, checar e agir), proposto por Deming (1997) e mostrado na figura 36.

Figura 36

Ciclo PDCA, segundo Demig

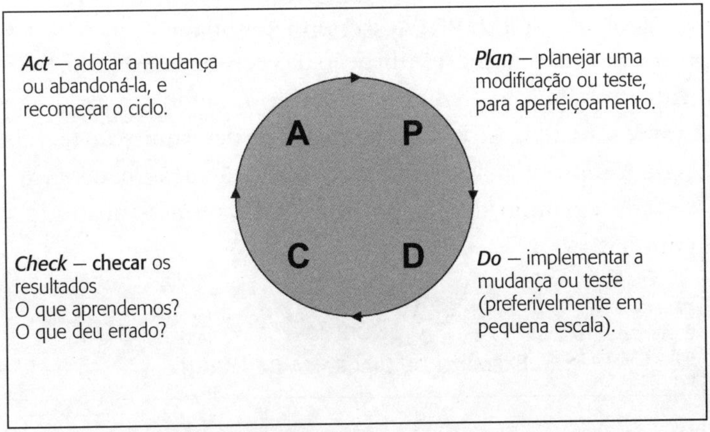

Conforme Mendes (2006), o ciclo começa com a compreensão do sistema. Baseado nessa compreensão, alguém tem uma ideia de como melhorar o sistema, porém não devemos tentar implementar essa ideia imediatamente, mas planejar cuidadosamente nossas ações. Isso é feito na fase *plan*. Depois, na fase *do*, devemos executar o planejamento, implantando a mudança, de preferência em escala piloto. Em seguida devemos entender esse novo sistema, ou seja, o sistema resultante da modificação que implantamos, compará-lo com o sistema original e descobrir o que aprendemos com isso. Que melhorias ocorreram? O que deu errado? Existiram efeitos colaterais? Tudo isso é feito na fase *check*. A seguir devemos tomar a decisão gerencial de adotar a mudança ou descartá-la. Essa é a fase *act*.

Mesmo que a mudança seja descartada, nossa compreensão sobre o sistema aumentou. Isso pode gerar uma nova ideia de melhoria. Por outro lado, mesmo que a ideia seja um sucesso, isso só deve nos estimular a usar nossa nova compreensão para incrementar ainda mais o novo sistema. E assim o ciclo recomeça.

Figura 37

Ciclo PDCA, segundo Shewhart

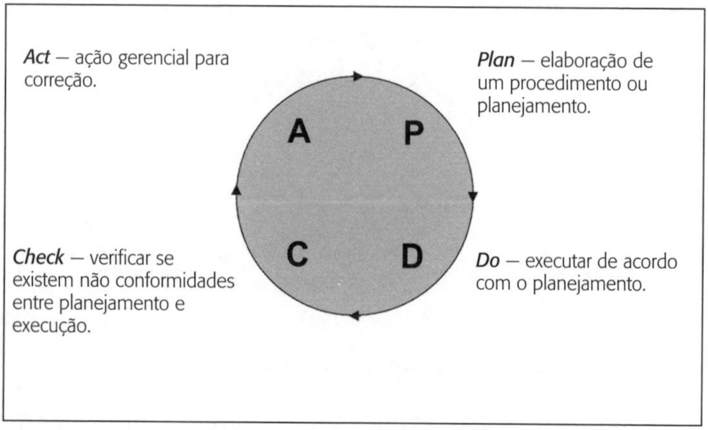

O ciclo PDCA de Deming tem semelhança com o chamado ciclo PDCA formulado por Walter A. Shewhart (figura 37), mentor de Deming, e difundido por empresas de consultoria. O ciclo PDCA, que é formado pelas iniciais de *plan-do-check-act* (planejar, fazer, checar e agir), tem diversas versões e foi adaptado para muitas utilizações. No entanto, em sua estrutura básica, ele começa, na fase *plan*, com a elaboração de um procedimento detalhado de como executar uma tarefa. Na fase *do*, a tarefa é executada, supostamente como foi planejada. Na fase *check*, fazemos verificações para descobrir se a execução se desviou do planejamento. Uma das principais ferramentas para isso é a chamada auditoria de qualidade, que busca evidências na documentação gerada para descobrir qualquer "não conformidade". Finalmente, na fase *act*, tomamos providências para que os procedimentos voltem a ser adotados. O ciclo PDCA tem muitas aplicações e guarda importante relação com a estrutura dos grupos de processos do PMBOK.

Neste capítulo, vimos técnicas importantes com relação à comunicação e qualidade em projetos. No próximo, veremos como unir o que aprendemos até agora em um plano que defina as regras do jogo para o projeto.

5 Regras do jogo

Depois de vermos as técnicas de comunicação e qualidade, estamos prontos para dar nosso último passo no planejamento. Este capítulo, como o próprio título sugere, vai indicar as regras do jogo, ou seja, como será feito o planejamento, que chamamos de "plano do projeto", para a construção da tumba do faraó. Muitas pessoas pensam erradamente que o planejamento se resume apenas ao cronograma e ao orçamento do projeto. Entretanto, o plano do projeto é também composto de planos auxiliares que passeiam por todas as áreas de conhecimento do PMBOK e que devem ser integrados para que o projeto possa acontecer com sucesso. Outro tópico que aqui será abordado é o tratamento das pessoas que irão atuar no projeto, que nomearemos como "regras não escritas". Muitos projetos bem-planejados não obtêm sucesso pelo fato de seus gerentes não se preocuparem com as pessoas que serão responsáveis pelas atividades. Uma de suas funções é a de manter a equipe integrada, motivada e produtiva.

Combinando as regras: o plano do projeto

O foco da criação de um plano do projeto é definir como serão criadas, coordenadas e integradas as ações nos planos auxiliares necessários para o bom andamento do projeto. É importante que o gerente compartilhe a confecção desse plano com a equipe.

Podemos concluir que o plano do projeto será o instrumento a ser utilizado pelo gerente para desenvolver o produto contratado. Seu conteúdo e nível de implementação irão variar de acordo com a complexidade e a área de aplicação do projeto, ou seja, não existe uma regra para a criação das regras, até porque os projetos nunca são iguais, mesmo que produzam produtos similares. Segundo o PMI (2013a), o plano do projeto é composto pelo conjunto não limitante dos seguintes planos auxiliares:

- plano de gerenciamento do escopo;
- plano de gerenciamento do tempo;
- plano de gerenciamento dos custos;
- plano de gerenciamento da qualidade;
- plano de gerenciamento do pessoal;
- plano de gerenciamento dos *stakeholders*;
- plano de gerenciamento das comunicações;
- plano de gerenciamento dos riscos;
- plano de gerenciamento das aquisições.

O plano de gerenciamento do escopo

Esse plano tem como objetivo inicial a definição de um processo para a criação de uma declaração de escopo detalhada, que passará a ser o documento mais importante do projeto devido ao fato de documentar o que será feito e o que não será feito em seu escopo.

No quadro 32 temos a declaração de escopo preparada por Imhotep e devidamente aprovada pelo faraó Ramsés XIII. Imhotep, como todo bom gerente de projetos que se preza, envolveu todos os *stakeholders* na confecção desse documento antes de submetê-lo à aprovação final do faraó.

Quadro 32

DECLARAÇÃO DE ESCOPO DO PROJETO TUMBA DO FARAÓ

Preparado por: Sr. Imhotep – Empreiteira Nilo.

Descrição do projeto: Construção de uma tumba para o faraó Ramsés XIII no Vale dos Reis.

Objetivo: Permitir ao faraó possuir um local de prestígio e qualidade para que ele seja sempre lembrado por todos após sua morte.

Justificativa: As diversas realizações já feitas e as que ainda estão por serem feitas pelo faraó em vida fazem jus a um local apropriado ao tamanho da sua grandiosidade para que seus restos mortais descansem em paz.

Produto do projeto: Uma tumba no Vale do Reis com as seguintes dimensões:

- comprimento total entre 160 m e 175 m;
- área total entre 760 m^2 e 780 m^2;
- volume total entre 2.500 m^3 e 2.750 m^3.

Premissas

- O terreno já foi escolhido e será adquirido pela área de compras da Casa Real após licença ambiental.
- A guarda da Casa Real oferecerá segurança física ao projeto.
- A Empreiteira Nilo fornecerá todos os recursos humanos necessários para a construção da tumba.

Restrições

- A tumba será no estilo Amarna em eixo torcido.
- Devem ser seguidas, dentro dos limites do contrato, as práticas da Casa Real sobre gerenciamento de projetos.
- O custo não poderá exceder o orçamento aprovado.
- O tempo da construção da tumba não poderá exceder 28 meses.

Entregas do projeto

- Plano do projeto aprovado.
- Reunião de abertura do projeto.
- Certidão da prefeitura.
- Relatório de impacto ambiental.
- Licença de controle ambiental.
- Compromisso de compra e venda.
- Escritura do terreno registrada.
- Vila dos operários.
- Canteiro de obras.

continua

- Segurança física contra saqueadores.
- Estrutura de dejetos.
- Projeto de arquitetura aprovado.
- Projeto de engenharia aprovado.
- Obra civil acabada.
- Pinturas finalizadas.
- Esculturas instaladas.
- Desmonte da infraestrutura da obra.
- Fechamento dos contratos.
- Reunião de encerramento do projeto.

O que não está englobado no escopo do projeto

- Festa de inauguração da tumba.
- Construção da tumba visando conter espaço para acomodar os descendentes e atuais familiares do faraó.
- Marketing para divulgação da tumba após sua construção.

Orçamento total do projeto: 25 milhões de moedas de ouro.

Aprovado por: Sua Majestade, o Faraó Ramsés XIII 

O plano de gerenciamento de escopo define também como será o processo de criação da EAP a partir da declaração de escopo detalhada e como ela será mantida e aprovada. No caso do projeto Tumba do Faraó, o processo foi simples e eficaz: todos os envolvidos participaram da confecção da EAP em reuniões presenciais. Além da EAP, foi criado um dicionário da EAP, mostrando todas as informações dos pacotes de trabalhos gerados. Imhotep foi designado como o responsável por obter as aprovações da EAP e por, depois, mantê-la atualizada durante a execução das atividades.

É importante que a construção de uma EAP seja feita em conjunto com todas as pessoas que compõem a equipe do projeto. Além de termos maior probabilidade de gerar uma EAP completa e coerente com a declaração de escopo pelo fato de termos mais "cabeças pensantes" elaborando esse produto, essa prática auxilia também na integração das pessoas que irão, no futuro, trabalhar juntas em prol de atingir o objetivo final – no nosso caso, a tão esperada tumba do faraó.

Outro processo definido no plano de gerenciamento do escopo é o que estabelece como serão verificadas e aceitas as diversas entregas de um projeto. Um *deliverable* só é considerado aceito pelo cliente quando este formaliza essa entrega afirmando que ela está dentro dos requisitos definidos por ele na declaração de escopo. No caso do nosso projeto, Imhotep definiu um documento para formalização dos entregáveis, ao qual chamamos de "termo de aceite". Foi definido que, a cada entrega, Ramsés XIII irá pessoalmente vistoriar se está tudo conforme ele definiu e, em seguida, assinará o termo de aceite. No quadro 33 podemos ver o documento criado por Imhotep, simulando uma entrega não aceita (que os pintores da tumba nos perdoem!).

Quadro 33

Termo de aceite do projeto Tumba do Faraó

Entrega: pinturas finalizadas

Tipo de entrega:	**Parecer:**
(X) Parcial	( ) Aceito
( ) Integral	(X) Não aceito

Motivo do não aceite:
As paredes internas foram malpintadas e precisam de uma nova demão de tinta

Assinatura: Sua Majestade, o Faraó Ramsés XIII 

No caso de uma entrega ser aceita, o documento é arquivado na pasta do projeto. Em caso negativo, as ações corretivas deverão ser tomadas imediatamente para uma nova submissão ao faraó, que normalmente não costuma tolerar erros.

Finalmente, o plano de gerenciamento de escopo é o responsável por definir o processo de gerenciamento de mudanças do escopo, que está ligado ao processo do controle integrado de mudanças. Seu objetivo é controlar eventuais mudanças solicitadas em relação ao que foi definido na declaração de escopo detalhada do projeto.

Mesmo que tenhamos feito uma análise minuciosa dos requisitos no início do projeto, com muita frequência as mudanças acontecem, não devido a alguma definição malfeita pelo gerente e sua equipe, e sim pela mudança de expectativas dos clientes. É importante definir quem poderá solicitar mudanças e quem poderá aprová-las. No caso do nosso projeto, foi definido que o faraó é a única pessoa que poderá solicitar mudanças, como não poderia ser diferente. Nesse caso, ele preencherá um formulário de solicitação de mudanças, que será enviado a Imhotep. Este fará a análise dos impactos causados por essa solicitação e devolverá o formulário para o faraó, que aprovará ou não. No caso de a mudança ser reprovada, o documento será guardado na pasta do projeto. Porém, no caso da autorização da mudança, todos os documentos do plano do projeto deverão ser alterados para espelhar a nova realidade e a mesma deverá ser implementada. Outro motivo que pode levar a mudanças no escopo original de um projeto são as ações corretivas necessárias no caso de não aprovação das entregas. Nesses casos, Imhotep deverá negociar antes com o faraó os impactos causados por essas ações.

No quadro 34 temos o modelo do formulário de solicitação de mudanças a ser utilizado, mostrando o exemplo de uma solicitação feita pelo faraó, que depois de ter passado pela análise de Imhotep, foi reprovada.

Podemos ver com o exemplo apresentado no quadro 34 o quão importante é a existência de um processo de gerenciamento de mudanças para um empreendimento. Se o faraó não tivesse noção dos impactos que seriam causados por mais um dos seus caprichos, o jardim suspenso seria construído e o projeto poderia ter sido um fracasso.

Quadro 34

Formulário de solicitação de mudança do projeto Tumba do Faraó

Origem da mudança:
(X) Solicitação do cliente
( ) Ação corretiva

Descrição da mudança: Criação de um jardim suspenso.

Análise dos impactos:

- **impactos em custos:** 1 milhão de moedas de ouro;
- **impactos em prazos:** 10 meses;
- **impactos em riscos:** aumento de insetos e outros parasitas;
- **impactos em qualidade:** ofuscamento da beleza das esculturas.

Parecer do cliente: REPROVADA.

Justificativa: Custo alto, atraso na entrega da tumba, desconforto para os futuros visitantes e perda do brilho das esculturas.

Assinatura: Sua Majestade, o Faraó Ramsés XIII 

O plano de gerenciamento do tempo

Esse plano define quais serão os critérios de desenvolvimento e de controle do cronograma de um projeto. A integridade desse cronograma deve ser de responsabilidade do gerente. Após a aprovação do plano, a linha de base do cronograma deverá ser salva. A linha de base de tempo é a fotografia inicial das atividades de um projeto antes do início de sua execução. A partir daí, Imhotep deve garantir a constante atualização do cronograma em períodos determinados e identificar desvios que possam vir a acontecer, tomando ações corretivas para que a duração total do projeto não seja comprometida. Um novo salvamento da linha de base só deve acontecer no caso de uma mudança aprovada via processo de controle integrado de mudanças.

O replanejamento consiste em alterar a duração de uma atividade em andamento ou o início de uma atividade futura e deve ser utilizado levando em conta as folgas existentes, no intuito de não afetar a data de término do projeto. Os critérios para o replanejamento devem ser descritos no plano de gerenciamento do cronograma.

Outro ponto importante a ser considerado nesse plano é a definição de quais técnicas deverão ser utilizadas para tomar as ações corretivas no sentido de eliminar eventuais desvios que aconteçam. No capítulo 2 pudemos ver alguns exemplos dessas técnicas como o *crashing*, o *fast tracking* ou o nivelamento de recursos. A utilização de horas extras, banco de horas e mutirão também são ações que podem ser tomadas pelo gerente do projeto.

Por último, o plano deve determinar quais ferramentas eletrônicas serão utilizadas para o planejamento e controle do cronograma.

Imhotep definiu as seguintes regras em conjunto com sua equipe:

- a linha de base do cronograma será salva pelo gerente do projeto após a concordância de todos. E somente ele poderá salvá-la novamente, se necessário for;
- durante a fase de execução, cada membro da equipe deverá informar semanalmente o percentual de andamento das suas atividades e o cronograma deverá ser atualizado com base nessas informações;
- os desvios serão tratados por meio de *fast tracking* e nivelamento de recursos;
- será criado um banco de horas para registrar horas adicionais de trabalho dos membros da equipe que serão depois compensadas em futuros trabalhos que eles venham a executar.

O plano de gerenciamento dos custos

Seu objetivo principal é controlar os custos necessários para que as atividades da execução do projeto cumpram o que foi definido no orçamento. Aqui se define também como será feita a atualização do orçamento e como ele será subdividido. Outra definição que acontece é referente às reservas gerenciais e às regras para sua utilização.

As reservas gerenciais geralmente são divididas em reservas de contingência, destinadas exclusivamente ao processo de gerenciamento de riscos, e outras reservas, destinadas a outros eventos que não são considerados riscos do projeto. Elas são consumidas de acordo com as solicitações de mudanças originadas dos outros planos auxiliares e de acordo com a autonomia que o gerente e o patrocinador têm para essa utilização. É importante salientar que elas compõem, junto com o orçamento de um projeto, seu custo final. Esses valores, quando não utilizados, deverão ser liberados ao término de um empreendimento.

No projeto de Imhotep, foi definido que a atualização do orçamento seria diária e seu controle seria feito por meio da análise do valor agregado (*earned value analysis*). Essa técnica foi escolhida pelo fato de permitir que se faça uma análise integrada de escopo, prazo e custo, mostrando desvios do cronograma e do orçamento. Falaremos mais sobre ela no capítulo 6.

Ficou estabelecido que se for identificada uma variação do orçamento maior que 5% do custo agregado do projeto ou uma variação maior que 20% para um item único, deverá ser conduzida uma reunião para decidir ações que determinem a causa dessa variação e as medidas corretivas que serão necessárias.

A autonomia na utilização das reservas gerenciais foi também aqui definida. Imhotep poderá utilizá-las sem o aval do patrocinador se a necessidade não ultrapassar 5 mil moedas de ouro. Entretanto, se ultrapassar esse valor, o aval se tornará necessário.

O plano de gerenciamento da qualidade

Planejar a qualidade é identificar os padrões de qualidade relevantes para o sucesso de um empreendimento e determinar a forma de atingi-los. Qualidade significa assegurar que o projeto irá satisfazer as necessidades declaradas ou implícitas para as quais foi criado.

Um plano de gerenciamento de qualidade deve especificar como a equipe irá implementar sua política de qualidade. Se a empresa já tem uma política de qualidade, essa deve ser a base inicial para o planejamento da qualidade do projeto. Esse plano deve ser dirigido para o controle da qualidade, garantia da qualidade e melhoria da qualidade, descrevendo aspectos como responsabilidades, procedimentos e recursos necessários para um adequado gerenciamento. Ele precisa abordar não só os produtos resultantes de um projeto, como também a qualidade do próprio projeto, ou seja, o processo de gerenciamento que está sendo utilizado e a produtividade e motivação das pessoas que compõem a equipe. Uma das ferramentas mais mencionadas no controle da qualidade é a lista de verificação (*checklist*) de qualidade, através da qual verificamos se as etapas necessárias foram cumpridas e com qualidade. Medimos essa qualidade por meio de métricas, que são definições operacionais específicas que descrevem o que é alguma atividade e como ela deverá ser medida pelo controle da qualidade.

Tomemos por exemplo um dos *deliverables* do nosso empreendimento: a construção das esculturas. Não é suficiente que elas tenham sido construídas no prazo. É importante definir que métricas teríamos para essa entrega e se elas foram cumpridas, por exemplo, possuírem fisionomias de deuses egípcios e serem resistentes à chuva e ao vento. Se todas essas métricas forem cumpridas, aí teremos a qualidade alcançada.

É importante que esses critérios sejam definidos antecipadamente e de uma forma clara com o cliente. Se essa prática não for feita, poderemos ter, no futuro, a não aceitação de um produto pelo cliente pelo fato de não ter atendido a determinado critério.

O plano de gerenciamento do pessoal

Esse plano descreve quando e como serão atendidas as necessidades de pessoas para as atividades de um projeto. Nele podemos ter informações sobre como e quando a equipe será composta, como seus membros serão liberados após o término do empreendimento, suas necessidades de treinamento e como serão feitas as premiações e os reconhecimentos dentro do ciclo de vida do empreendimento.

Outra informação importante que existe nesse plano é a matriz de responsabilidades, que trata de fazer a ligação entre a EAP e as pessoas. Em um projeto grande, pode haver muitas pessoas que tenham algum papel no processo de criação e de aprovação dos *deliverables* (entregas). Às vezes esse processo é direto e simples, por exemplo, uma pessoa cria um documento e outra pessoa aprova. Em outros casos, pode haver muitas pessoas envolvidas na criação de um *deliverable*, e várias outras que necessitam aprová-lo.

É justamente para esses cenários complicados que envolvem muitas pessoas que se torna conveniente a utilização de uma matriz de responsabilidades, que ajuda a estabelecer as expectativas e a assegurar que as pessoas saibam de suas responsabilidades. Para que ela seja eficaz, é vital que seja bem clara, refletindo as expectativas e as responsabilidades das pessoas envolvidas.

No quadro 35 temos um exemplo de matriz de responsabilidades mostrando alguns *deliverables* do projeto Tumba do Faraó.

Quadro 35
Matriz de responsabilidades

Projeto Tumba do Faraó	Casa Real				Empreiteira NILO				
	Ramsés XIII Patrocinador	**Set** Compras	**Maat** Guarda Palaciana	**Thot** Gerente de conta Escribas	**Imhotep** Gerente do projeto	**Hórus** Engenharia	**Rá** Arquitetura	**José** Infraestrutura e suprimentos	**Ptah** Guilda dos artesãos
1. Gerenciamento do projeto	A				R				
2. Preparação									
2.1. Impacto ambiental									
2.1.1. Licença prévia		A			C	R			
2.1.2. Licença de instalação		A			C	R			
2.2. Aquisição do terreno		R			C	P_1			
3. Detalhamento									
3.1. Arquitetura	A			P_1	C	P_1	R		P_1
3.2. Engenharia		A			C	R			
4. Infraestrutura								R	
Implantar segurança física	A		R		C				
Obras de infraestrutura			A		C	A		R	
5. Obra civil									
5.1. Escavação	A				C	R	A	P_2	
5.2. Edificações	A				C	R	A	P_2	
6. Aparelhamento									
6.1. Pinturas	A			R	C				
6.2. Objetos de decoração							R		
Definir e encomendar esculturas	A	R			C				P_3
Criar esculturas	A				C				R
Instalar esculturas	A				C	R			P_1

R = responsável; C = controla; A = aprova; P = participa.

O plano de gerenciamento dos stakeholders

Um fator crítico para o sucesso de um projeto é a identificação dos interesses dos *stakeholders* e a posterior determinação de qual é a maneira mais adequada para que eles sejam gerenciados. O plano de gerenciamento dos *stakeholders* tem a função de documentar e auxiliar o gerente nesse processo.

O plano deve definir o método pelo qual os *stakeholders* serão identificados. Pode-se começar com uma lista de intervenientes conhecidos e usá-los para identificar novos. O uso de técnicas como a de *brainstorming* pode ajudar nesse processo, assim com experiências passadas com projetos semelhantes.

O plano também deve definir os métodos para lidar com os *stakeholders*. Vimos alguns deles no capítulo 4.

Finalmente, o plano deve mostrar como as estratégias definidas serão acompanhadas para garantir que sejam cumpridas, e como será verificado se elas estão sendo bem-sucedidas.

O plano de gerenciamento das comunicações

O plano de gerenciamento das comunicações tem a função de documentar e auxiliar o gerente no envio de informações para os *stakeholders* durante o ciclo de vida do projeto. Nele cobrimos as seguintes regras: quais são as necessidades de comunicação dos *stakeholders*; como as informações serão coletadas, armazenadas e atualizadas no decorrer das atividades; quais serão os fluxos de informação, ou seja, quem vai informar que informações a quem; quais os padrões de comunicação que serão utilizados, tais como *templates* de relatórios e atas de reunião; qual será a periodicidade de cada tipo de informação e que métodos e tecnologias serão utilizados para distribuir essas informações.

Em suma, o plano de gerenciamento das comunicações responde às seguintes questões: o que será informado, quem vai informar e receber a informação, quando e como a informação será fornecida. Essas respostas ficam armazenadas na matriz de comunicação, que deve ser corretamente preenchida e, posteriormente, consultada e seguida pelo gerente e sua equipe, para que as necessidades dos envolvidos sejam plenamente satisfeitas.

No quadro 36 temos um exemplo da matriz de comunicação do projeto Tumba do Faraó. Esse exemplo é um pouco diferente do mostrado no quadro 22 e foca nos principais eventos de comunicação do projeto. É uma alternativa com um ponto de vista mais gerencial e menos operacional.

Quadro 36
MATRIZ DE COMUNICAÇÃO

Tipo de informação	Meio de comunicação	Periodicidade	Responsável	Público-alvo
Kickoff do projeto	Reunião	No início do projeto	Gerente do projeto	Todos os *stakeholders*
Acompanhamento das atividades	Memorando	Diário	Responsável pelo pacote de trabalho	Gerente do projeto
Status do projeto	Relatório	Semanal	Gerente do projeto	Patrocinador
Entrega de um subproduto	Reunião	Nos *milestones*	Gerente do projeto	Patrocinador
Solicitação de mudanças	Relatório	Sob demanda	Patrocinador	Gerente do projeto
Término do projeto	Reunião	No término do projeto	Gerente do projeto	Todos os *stakeholders*
Pesquisa de satisfação	Questionário	No término do projeto	Gerente do projeto	Todos os *stakeholders*

O plano de gerenciamento dos riscos

Nesse plano é possível descrever como o gerenciamento de riscos estará estruturado e como será executado, incluindo metodologia, regras e responsabilidades, orçamento para o gerenciamento dos riscos incluído nos custos, frequência da execução dos processos de gerenciamento dos riscos durante o ciclo de vida do projeto, processo sistêmico de identificação de riscos e definição das probabilidades e impactos dos mesmos.

Seu objetivo é auxiliar o gerente no gerenciamento dos riscos, fazendo com que ele consiga isolar e minimizar os riscos inerentes ao seu projeto, eliminando-os sempre que possível ou então diminuindo seus impactos negativos. No caso dos riscos positivos, ele auxilia no sentido de permitir que eles aconteçam e que seus impactos positivos sejam ainda maiores.

O processo de gerenciamento de riscos é composto de cinco etapas: identificação; análise qualitativa; análise quantitativa; planejamento de respostas; monitoração; e controle. No plano de gerenciamento de riscos deve estar descrito como elas deverão ser utilizadas durante o ciclo de vida do projeto.

A identificação dos riscos, em que todos os envolvidos devem contribuir, consiste em determinar quais riscos podem afetar o projeto. Como resultado dessa identificação espera-se uma lista de riscos identificados.

Uma prática muito utilizada é categorizar os riscos segundo sua natureza, e a *risk breakdown structure* (RBS) é a ferramenta utilizada para essa finalidade. Na figura 38 temos um exemplo de categorias de riscos para nosso projeto.

Também se define aqui qual será a ferramenta utilizada para a identificação dos riscos. Alguns exemplos dessas ferramentas são o *brainstorming* (altamente criativa e sinérgica, sem a existência de qualquer tipo de restrição e/ou consenso entre seus participantes), o Delphi (obter a opinião de especialistas por meio de uma lista de perguntas orientadas e submetidas anonimamente), a análise Swot (identificação de problemas culturais, organizacionais ou de ambiente que possam impactar o projeto por meio da análise de forças e fraquezas) e a entrevista com especialistas.

Figura 38
RBS

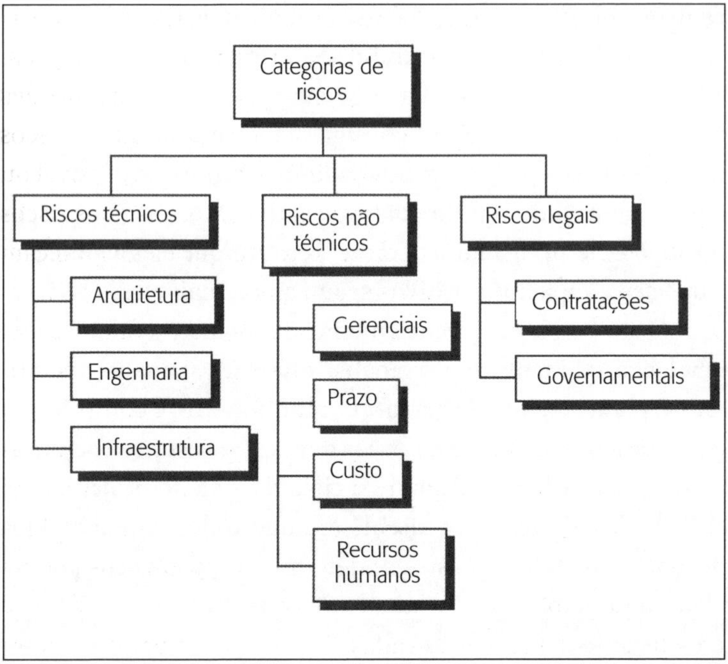

A *análise qualitativa dos riscos* consiste em priorizar os riscos identificados por meio da combinação da probabilidade de ocorrência com o respectivo impacto. Cada risco é priorizado de acordo com sua probabilidade de ocorrência e impacto nos objetivos, por meio das percepções dos especialistas. O plano de gerenciamento de riscos deve informar quais são as faixas que deverão ser utilizadas para dimensionar a probabilidade e o impacto dos riscos.

Como resultado dessa análise tem-se uma lista de riscos com suas respectivas prioridades, agrupados por categorias, assim como a relação dos que exigem respostas mais imediatas.

A *análise quantitativa dos riscos* consiste em quantificar os efeitos dos riscos identificados que, uma vez priorizados, podem ser quantificados por meio de associação numérica.

Uma ferramenta muito utilizada na quantificação dos riscos é a árvore de decisão, pois incorpora a probabilidade de ocorrência, apontando a melhor decisão a ser tomada em determinado momento durante o ciclo de vida do projeto.

O *planejamento de respostas aos riscos* consiste em desenvolver ações para minimizar as ameaças e maximizar as oportunidades relativas ao projeto. Para os riscos negativos as estratégias podem ser eliminação, mitigação e transferência. Por outro lado, para os riscos positivos as estratégias são exploração, compartilhamento e melhoria.

A *monitoração e controle dos riscos* consiste em acompanhar os riscos identificados, verificar se sua qualificação sofreu alguma alteração, identificar novos riscos e executar o plano de respostas aos riscos, avaliando a eficiência durante o ciclo de vida do projeto.

No quadro 37 temos a matriz de riscos do projeto Tumba do Faraó mostrando alguns dos seus riscos.

O plano de gerenciamento das aquisições

A função desse plano é descrever como serão administrados os processos de aquisição de bens e serviços de fornecedores de fora da organização executora de um projeto. Ele deve auxiliar Imhotep a definir que bens ou serviços deverão ser contratados ou adquiridos e em que quantidade. Além disso, também deve ajudá-lo a decidir em que momento esses bens e serviços serão adquiridos e de que forma.

Seu objetivo é selecionar fornecedores qualificados para os bens e serviços do projeto, contratá-los e controlá-los eficazmente com base no seu desempenho e resultados apresentados.

Quadro 37

MATRIZ DE RISCOS

Categoria	Descrição do risco	Probabilidade	Impacto	Tratamento	Ação
Arquitetura	Reprovação do projeto de arquitetura	Baixa	Alto	Eliminação	Certificar-se das expectativas do faraó para com sua tumba.
Engenharia	Desalinhamento com o projeto de arquitetura	Média	Alto	Mitigação	Envolver o arquiteto na confecção do projeto de engenharia.
Infraestrutura	Demora na construção da vila dos operários	Média	Médio	Mitigação	Alojar os operários em aposentos da vila dos servos do faraó.
Gerencial	Desistência do projeto pelo faraó	Baixa	Alto	Eliminação	Manter sempre alto o grau de motivação do faraó com o projeto.
Prazo	Atraso em atividades do caminho crítico	Alta	Alto	Mitigação	Utilizar técnicas de ajuste do cronograma.
Custo	Gastos adicionais não previstos no orçamento	Baixa	Alto	Mitigação	Pedir mais verba ao faraó.
Recursos humanos	Pedido de demissão de recursos--chave	Média	Alto	Eliminação	Manter sempre alto o grau de motivação desses recursos.
Contratações	Problemas no contrato	Baixa	Alto	Transferência	Contratar um advogado para analisar o contrato antes da sua assinatura.
Governamental	Não obtenção da certidão da prefeitura	Média	Alto	Mitigação	Fazer alinhamento político com a prefeitura.

A equipe deve documentar as exigências do projeto e do produto que cobrem as necessidades técnicas e não técnicas a serem atendidas. As exigências serão estabelecidas e usadas como base para o desenvolvimento das especificações (SOW – *statement of work*) e do contrato subsequente. Os padrões de qualidade que devem ser seguidos pelos fornecedores devem ser compatíveis com os padrões da empresa.

Os fornecedores devem ser selecionados com base em uma avaliação de suas habilidades em executar o trabalho, de acordo com todas as exigências contidas na RFP (*request for proposal*). Esse documento é gerado com base nas especificações e é enviado para todos os potenciais fornecedores. De posse da RFP, os fornecedores fornecem suas propostas para posterior avaliação.

Alguns exemplos de avaliações que podem ser feitas são: referências corporativas (outras empresas nas quais o fornecedor já executou projetos), capacidade financeira (qual o capital do fornecedor) e qualificação do pessoal proposto para desenvolver o trabalho.

O gerente do projeto ou outra pessoa designada executa o planejamento e o posterior monitoramento (*tracking*) das aquisições para assegurar que o trabalho foi executado apropriadamente e que os produtos entregues pelos fornecedores satisfaçam os critérios acordados de aceitação.

No quadro 38 temos a proposta apresentada pela Empreiteira Nilo, que foi o fornecedor escolhido pelo faraó Ramsés XIII após a análise de 70 propostas de fornecedores distintos.

Quadro 38

Proposta

Objetivo

O objetivo deste documento é responder à RFP enviada pelo faraó Ramsés XIII para o projeto de construção de sua tumba.

Empresa: A Empreiteira Nilo possui mais de mil anos de experiência na construção de grandes obras.

Clientes já atendidos:

- Nero de Roma (construção de uma terma);
- rei Artur (construção de um castelo de veraneio);
- Zeus (construção de uma mansão para seu filho Hércules);
- Cleópatra (construção de um salão de beleza com capacidade para 500 pessoas).

Produto a ser oferecido: Construção de uma tumba estilo Amarna em eixo torcido no Vale dos Reis.

Prazo de entrega: 28 meses a contar da data de assinatura do contrato.

Custo: 25 milhões de moedas de ouro.

Profissional designado: Nosso profissional possui mais de 50 anos de experiência em projetos de obras faraônicas.

As regras não escritas (lidando com pessoas)

A chave do sucesso nos projetos hoje – mais do que nunca – está na complexidade do comportamento humano. Tecnologia, patrimônio, informações, tudo isso pode ser adquirido. Já uma equipe integrada, competente e motivada depende muito de tempo e de uma liderança responsável.

O ser humano é a peça fundamental de qualquer projeto e organização. É aí que está o problema, pois cada indivíduo possui características, pensamentos e comportamentos únicos. É preciso conhecer e saber como tratar a individualidade de cada um dentro de um ambiente de diversidade e em constante transformação.

É importante buscar o convencimento da equipe de que juntos podem tornar a empresa sempre melhor, pois o que faz uma organização no mundo competitivo é o capital humano que ela possui; buscar, também, conhecer os profissionais um pouco além das suas competências técnicas, e, nesse sentido, incentivá-los a sempre aperfeiçoarem seus conhecimentos, oferecendo oportunidades de crescimento.

O mesmo ocorre dentro do ambiente de um projeto. O gerente deve confiar, incentivar e sempre ouvir sua equipe, para que juntos conquistem seus objetivos e alcancem o sucesso e o reconhecimento de todos.

Montando a equipe do projeto

A tarefa árdua do gerente de projetos começa na montagem de sua equipe. A primeira ação é definir como será estruturada a equipe e em que áreas ela irá atuar. Essas áreas devem cobrir todas as necessidades para a geração do produto final. Em seguida, é necessário que sejam mapeados os esforços (tarefas) que serão responsabilidade dessa futura equipe e definir como seus membros serão avaliados durante a execução do projeto.

É importante, nesse momento, que sejam definidos quais os comportamentos, habilidades e atitudes que essa equipe precisará ter para que os resultados esperados sejam alcançados. Tendo em vista o que essa equipe vai fazer e as aptidões de cada membro, chega a hora de definir quais são as regras de conduta da equipe como um todo e das pessoas que, individualmente, a compõem. É o estabelecimento das chamadas regras de convivência.

As necessidades de treinamento também deverão ser definidas e utilizadas de acordo com os perfis de conhecimento identificados nas pessoas que irão compor a futura equipe do projeto. Além disso, é necessário que sejam conhecidas as maneiras pelas quais as equipes serão avaliadas coletiva e individualmente. A tarefa de Imhotep de montar a equipe não foi nada fácil. Seu grande esforço foi o de identificar, dentro da Empreiteira Nilo, as pessoas que realmente se encaixavam nas atividades do projeto no que tange ao conhecimento técnico e que soubessem trabalhar em equipe.

Ele criou uma planilha de avaliação com itens que considerou necessários para um futuro membro de sua equipe. Conforme ele ia entrevistando os candidatos, preenchia essa planilha com graus de 0 a 10 e, no final, calculava a média. Os candidatos com as melhores médias foram escolhidos (quadro 39).

Quadro 39
Avaliação dos candidatos

Nome: **Cargo pretendido:**		
Item de avaliação	**Grau (0 a 10)**	**Observação**
Aptidão para o cargo		
Capacidade de aprendizagem		
Atenção aos detalhes		
Iniciativa		
Rapidez de raciocínio		
Comunicação verbal		
Saúde física		
Planejamento e organização		
Trabalho em equipe (cooperação)		
Tolerância ao estresse		
Motivação com o projeto		
Média		

Tipos e categorias de equipes

As equipes podem ser de dois tipos: funcionais e multifuncionais. As equipes funcionais são compostas por pessoas da mesma área de atuação, por exemplo, uma equipe de desenvolvimento de um software composta por analistas de sistemas. Por outro lado, as equipes multifuncionais são compostas por pessoas de áreas de atuação diversas e que sejam necessárias ao desenvolvimento do produto de um projeto. Um exemplo seria a equipe do projeto Tumba do Faraó, composta por engenheiros, arquitetos, pintores, seguranças, escultores e outros profissionais.

Segundo Barkley e Saylor (2001), existem quatro categorias de equipes: diretiva, participativa, autogerenciável e com empoderamento. Essas categorias irão definir os papéis do líder e dos membros da equipe dentro de um projeto.

Na equipe *diretiva* (*directive team*), a mais tradicional delas, a função do gerente é garantir que as tarefas sejam cumpridas e os membros da equipe se preocupam apenas em executar o que lhes é designado a fazer.

Na equipe *participativa* (*participative team*), o gerente guia os membros da equipe em busca de um objetivo comum e eles, por sua vez, contribuem com sua expertise nas tomadas das decisões. Essa é a categoria da equipe de Imhotep.

Na equipe *autogerenciável* (*collective self-led team*) o poder é compartilhado por todos os membros da equipe. O gerente atua como um facilitador na criação e manutenção do trabalho em equipe.

Na equipe *com empoderamento* (*empowerment team*), todos passam a ter total responsabilidade e autoridade no projeto. A equipe passa a ter autonomia para fazer mudanças em seu trabalho e na forma como é desempenhado. O gerente vira um *coach*, limitando-se apenas a dar recomendações quando necessário.

Desenvolvendo a equipe do projeto

A equipe de um projeto, após sua formação, passa por diferentes fases (figura 39) até atingir o estágio em que o desempenho das tarefas é favorecido. A importância de identificar essas fases é reconhecer que certos períodos de turbulência fazem parte do processo de desenvolvimento da equipe.

Figura 39

FASES DE DESENVOLVIMENTO DA EQUIPE

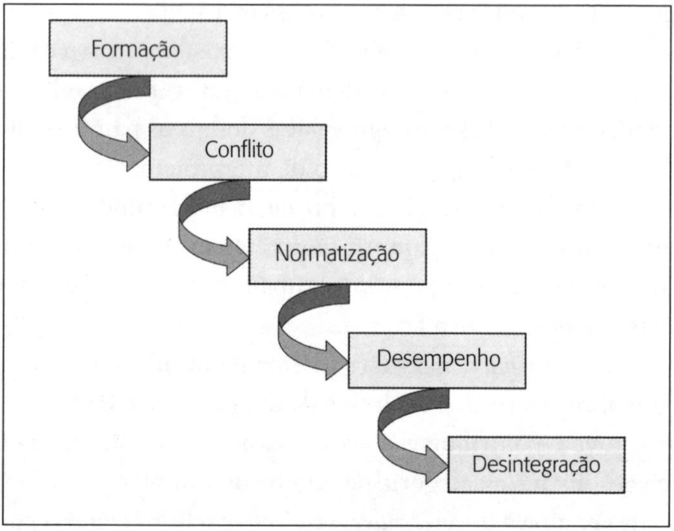

Formação – Quando os membros da equipe iniciam os contatos para a realização do trabalho, começa um processo de descobrimento mútuo entre as pessoas. Nessa fase, os indivíduos procuram identificar quem é o outro e em que ele pode contribuir para atingir o objetivo estabelecido para a equipe. As regras do jogo também são definidas, em termos de desempenho e de comportamentos sociais. Normalmente essa fase se caracteriza pela incerteza, tanto sobre regras, normas e procedimentos como sobre comportamentos, responsabilidades e papéis de cada membro, pois nada está ainda muito definido. A formação só termina quando os indivíduos passam a se reconhecer como membros da equipe.

Conflito – Uma vez identificados os membros da equipe, inicia-se um processo de ajuste e negociação. Nesse momento se estabelece o que cada um irá realizar e de que maneira o fará. Entretanto, as pessoas podem não concordar com as decisões que as atingem e, nesse momento, irão tentar redefinir as regras, o que vai gerar conflitos. É o momento das negociações, e o estilo de negociação vai depender do estilo pessoal deles assim como das regras gerais da empresa às quais estão submetidos. Nessa fase é importante saber lidar com o conflito em vez de tentar eliminá-lo, pois ele faz parte do processo de formação e estruturação da equipe.

Normatização – Se o conflito é a característica da fase anterior, a coesão e identificação dos membros da equipe são características da fase de normatização. Passa a existir uma relação mais próxima entre os membros, e os sentimentos e percepções compartilhadas frequentemente surgem nessa fase. A troca de informações tende a ser mais aberta e espontânea, havendo maior tolerância entre as pessoas diante das divergências. Pode também ser identificada, nessa fase, uma concordância explícita com as metas e objetivos da equipe. O líder, tendo sido aceito pelos membros, define, junto com eles, os papéis, tarefas e responsabilidades de cada um, assim como as normas de desempenho que favorecem a consecução dos objetivos da equipe. Essa fase acaba quando há aceitação das normas de comportamento assim como dos procedimentos que irão pautar as tarefas a serem cumpridas.

Desempenho – O quarto estágio no desenvolvimento da equipe constitui a execução das atividades. Uma vez que as normas de comportamento e desempenho, as metas a serem atingidas e o comando da liderança foram aceitos, toda a energia do grupo está voltada agora para a realização das tarefas. Essa é a fase da produtividade, embora nem sempre se espere que ela ocorra em níveis constantes. Dependendo da tarefa, algumas equipes irão se aprimorar no seu desempenho, pelo que poderá haver um incremento dos níveis de produtividade.

Desintegração – Esta é a última fase no processo de desenvolvimento da equipe. Ela ocorre quando os objetivos que levaram à sua criação são atingidos e não há mais razão para ela continuar a existir. Contudo, conforme mencionado, parte da efetividade das equipes de trabalho é sua capacidade de sobrevivência, pois a desintegração poderia ser um indicador de fracasso ou, pelo menos, de ineficácia. Assim, essa fase está presente apenas na vida de um tipo específico de equipes de trabalho: as temporárias. Já as permanentes, procurarão sempre sobreviver e se fortalecer a partir de processos de renovação seja de metas, tecnologia ou – se preciso – da troca de alguns membros.

É importante salientar que nem sempre essas etapas são sequenciais e, além disso, pode ocorrer o fato de uma equipe retroceder uma etapa em vez de ir para a seguinte, geralmente por consequência de mudanças ou pressões vindas do meio externo. Também pode acontecer de uma equipe nunca atingir o estágio final ou até fazer o possível para não atingi-lo. Portanto, essas fases, aparentemente diferenciáveis, se organizam na forma de um processo dinâmico que passa por ajustes permanentes durante o tempo de existência da equipe.

Motivando a equipe do projeto

A motivação é o conjunto de forças que conduzem o comportamento humano para determinadas orientações. Ela é importante porque, juntamente com a capacidade individual e o ambiente de trabalho, determina o desempenho de uma equipe.

Existem autores que defendem a ideia segundo a qual a motivação tanto pode ser extrínseca quanto intrínseca. Inseridos no primeiro caso estão os comportamentos motivados por algo externo à tarefa, como um elogio, um prêmio ou uma promoção. No segundo caso estão os comportamentos motivados pela própria execução da tarefa, ou seja, a tarefa em si motiva o indivíduo, e não alguma recompensa externa. Outros autores (Vergara, 2007) criticam essa classificação. Argumentam que a motivação é sempre intrínseca ao indivíduo, ou seja, está dentro da pessoa. Estímulos externos podem ou não provocar essa motivação. Por exemplo, receber prêmios ou ser elogiado é um estímulo bastante comum nos dias atuais. Para um profissional que busque ser elogiado, esse estímulo, provavelmente, vai gerar sua motivação para a realização da tarefa. Entretanto, se o profissional não se importar com elogios, não será esse o estímulo que o motivará. Por outro lado, uma tarefa pode interessar a uma pessoa a ponto de ela trabalhar muito além do mero dever. Nesse caso, pode-se dizer que ela está motivada para a realização da tarefa. Para outra pessoa, no entanto, a tarefa em si pode não ser provocadora da motivação, embora algum estímulo, como ter um emprego, por exemplo, possa provocar na pessoa a motivação para realizá-la.

Como a motivação está ligada ao processo de compreensão do comportamento humano, e por serem as pessoas diferentes umas das outras, a motivação varia de indivíduo a indivíduo, as necessidades e expectativas variam, produzindo diferentes padrões de comportamento e valores sociais.

A tarefa do gerente de projetos é cooperar para que as pessoas fiquem motivadas, proporcionando-lhes condições de trabalho adequadas e satisfazendo necessidades e expectativas que elas possuam. O objetivo é promover um esforço contínuo de compatibilizar objetivos pessoais e objetivos empresariais.

Existem algumas ações que podem ser tomadas pelo gerente do projeto no sentido de estimular a motivação da sua equipe. São elas:

- ter certeza de que o objetivo é entendido e compartilhado por todos;
- integrar os membros da equipe;
- instituir reconhecimentos e recompensas internas para a equipe;

- valorizar contribuições individuais e grupais;
- evitar mudanças frequentes na estrutura da equipe;
- encorajar um senso de comprometimento na equipe.

A seguir vamos ver algumas teorias de motivação que podem ser úteis às equipes de projetos.

Teoria da hierarquia de necessidades, de Maslow

Desenvolvida por Abraham Maslow na década de 1940, essa teoria tem como premissa básica o fato de que as pessoas são motivadas essencialmente pelas deficiências na satisfação das suas necessidades. Maslow acreditava que as pessoas têm um desejo básico de satisfazerem determinados tipos de necessidades e que elas possuem uma hierarquia. Na sua teoria existem cinco níveis de necessidades básicas do ser humano. Cada um desses níveis tem de ser satisfeito para que as necessidades de nível superior se tornem importantes. Na figura 40 temos a pirâmide de Maslow.

Figura 40
PIRÂMIDE DE MASLOW

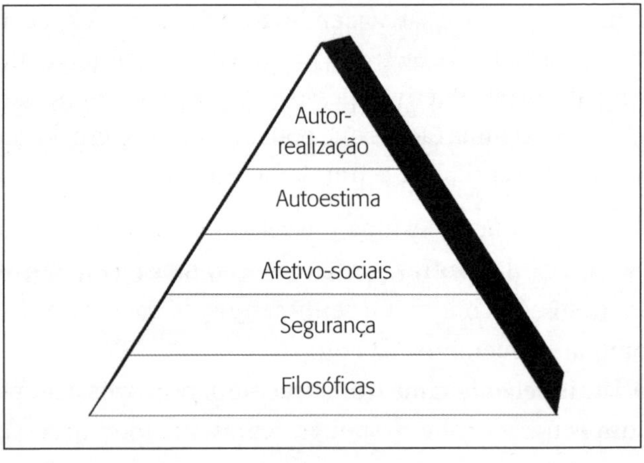

Tentaremos explicar a teoria de Maslow usando exemplos. Alguns desses exemplos ele mesmo não usou, porém são mais compatíveis com nossa realidade contemporânea.

Necessidades fisiológicas – Essas são as necessidades mais básicas, mais físicas (água, comida, ar, sexo etc.). Quando não temos essas necessidades satisfeitas ficamos mal, com desconforto, irritação, medo, doenças. Esses sentimentos e emoções nos conduzem à ação na tentativa de diminuí-los ou aliviá-los rapidamente para estabelecer o nosso equilíbrio interno. Uma vez satisfeitas essas necessidades nós abandonamos essas preocupações e passamos a nos preocupar com outras coisas.

Necessidades de segurança – Esse nível tem a ver com manter a estabilidade no mundo caótico e conturbado em que vivemos, buscando por abrigo, segurança, proteção, estabilidade e continuidade.

Necessidades afetivo-sociais – O ser humano tem a necessidade de ser amado, querido por outros, de ser aceito por outros. Aqui se incluem as necessidades de participação, de dar e receber afeto, amizade e amor. A não satisfação dessas necessidades pode levar à falta de adaptação social e à autoexclusão. Queremos nos sentir necessários a outras pessoas ou grupos de pessoas.

Necessidades de autoestima – O ser humano busca ser competente, alcançar objetivos, obter aprovação e ganhar reconhecimento. Há dois tipos de estima: a autoestima e a heteroestima. A autoestima é derivada da proficiência e competência em ser a pessoa que se é, é gostar de si, é acreditar em si e dar valor a si próprio. Já a heteroestima é o reconhecimento e a atenção que se recebe das outras pessoas. A não satisfação dessas necessidades pode conduzir a sentimentos de inferioridade e ao desânimo.

Necessidades de autorrealização – Surgem após a satisfação de todas as necessidades restantes, representando a necessidade humana mais elevada, que é a de conseguir o desenvolvimento pessoal por meio da utilização de todas as suas capacidades e potencialidades. Nesse momento, o ser humano busca sua realização como pessoa, a demonstração prática da realização permitida e alavancada pelo seu potencial único.

A hierarquia de Maslow, contudo, não é rígida. Se ele afirma que só passamos para uma necessidade superior se a inferior tiver sido satisfeita, por outro lado argumenta que se pode subir e descer na hierarquia.

Teoria X e Y, de McGregor

Douglas McGregor, na década de 1950, salientou a importância da compreensão dos relacionamentos entre a motivação e o comportamento. Ele acentua o fato de que a maioria das tentativas para influenciar outras pessoas é baseada em pressupostos, ou seja, as pessoas agem como se suas crenças básicas sobre a natureza humana estivessem corretas e não requeressem nenhuma reconsideração.

Em virtude de nosso comportamento tender à coerência com nossos pressupostos, as tentativas que fazemos no sentido de influenciar outras pessoas geralmente revelam algumas indicações do que sentimos em relação à sua competência e grau de confiança. Segundo essa teoria, os gerentes provocam a motivação em suas equipes a partir de pressupostos das denominadas teoria X e teoria Y.

A *teoria X* é uma forma de considerar as capacidades humanas potencialmente estáticas, improváveis e, em sua maioria, não muito expressivas. Duas estratégias básicas emergem nessa teoria: uma implica a compensação das deficiências humanas pela coação do comportamento das pessoas, por meio de ameaças, punições, disciplina e fiscalização; a outra consiste em persuadi-las por meio de gratificações, elogios, permissões e lisonjas. Essas duas maneiras de agir se baseiam no pressuposto de que o trabalho produtivo é uma forma pouco natural de comportamento para a maioria das pessoas, e que alguma pressão deve ser aplicada para que delas se obtenha trabalho produtivo. Ou seja, os gerentes devem coagir, controlar e ameaçar sua equipe para que ela tenha um bom desempenho.

A *teoria* Y, por sua vez, evidencia o fato de que o desenvolvimento das pessoas é muito mais otimizado e pode ser melhor aproveitado. Conforme essa teoria, quando exercido em um ambiente favorável, o trabalho pode ser algo natural e que suscita prazer. O indivíduo, movido pela auto-orientação e pelo autocontrole, coloca-se a serviço dos objetivos do projeto. Nesse ambiente, a equipe deixa de apenas cumprir ordens e começa a procurar responsabilidades. Em suma, a equipe não precisa ser coagida ou ameaçada pelo gerente para ter um bom desempenho.

O quadro 40 mostra um comparativo entre as duas teorias.

Quadro 40
Teorias X e Y

Teoria X	Teoria Y
O trabalho é penoso.	O trabalho é natural.
As pessoas querem ser dirigidas.	As pessoas procuram o autocontrole.
Desinteresse pela resolução dos problemas.	Criatividade para resolução dos problemas.
A motivação situa-se nos níveis fisiológicos.	A motivação envolve outras necessidades.
As pessoas têm de ser controladas.	As pessoas podem se autocontrolar.

Teoria da satisfação, de Herzberg

Frederic Herzberg, no final da década de 1950, desenvolveu uma "teoria de dois fatores" (motivacionais e higiênicos) para tentar entender os fatores que causariam insatisfação e aqueles que seriam os responsáveis pela satisfação no ambiente de trabalho.

Fatores higiênicos dizem respeito a condições físicas de trabalho, políticas de supervisão, salários e outros benefícios. Esses fatores são essencialmente preventivos e destinam-se a remover fontes de insatisfação do meio ambiente. As pesquisas de Herzberg demonstram que quando tais fatores são deficientes, é muito provável que os empregados se tornem insatisfeitos. Entretanto, quando essas deficiências são corrigidas, a produtividade volta ao nível normal, sendo pouco provável que ultrapasse esse nível. Ou seja, esses fatores são necessários para evitar a insatisfação, mas, por outro lado, não são suficientes para provocar a satisfação.

Fatores motivacionais englobam os sentimentos de realização, de crescimento e de reconhecimento profissional que se manifestam no exercício de tarefas que oferecem suficiente desafio e significado para o trabalhador. Esses fatores são os que produzem um efeito duradouro em resultantes de satisfação e de aumento de produtividade em níveis de excelência, ou seja, acima dos níveis normais.

O quadro 41 ilustra alguns fatores que podem levar à insatisfação e à satisfação, segundo essa teoria.

Quadro 41

INSATISFAÇÃO × SATISFAÇÃO

Fatores que podem levar à insatisfação	Fatores que podem levar à satisfação
Política da empresa	Crescimento
Condições do ambiente de trabalho	Desenvolvimento
Relacionamento com outros funcionários	Responsabilidade
Segurança	Reconhecimento
Salário	Realização

Ao longo dos anos, Imhotep aprendeu todas essas teorias e desenvolveu sua sensibilidade em perceber qual a maneira mais proveitosa de estimular cada grupo. Para lidar com o arquiteto Rá, por exemplo, ele percebeu que dar mais autonomia e responsabilidade funciona melhor. Por outro lado, conversando com uma equipe de campo conhecida como Falcões de Tut, percebeu que eles sentiam falta de um líder que definisse claramente o trabalho. Seu capataz esperava que eles tomassem decisões, mas os Falcões de Tut sentiam medo de serem responsabilizados por possíveis falhas e queriam o exato oposto de Rá, ou seja, mais controle e menos responsabilidade. Em outro caso, uma equipe de escavadores, os Benús de Seti, estava com baixa produtividade. Em uma única visita, Imhotep percebeu claramente que as condições de trabalho eram o problema. Rações de má qualidade, equipamentos de segurança inadequados e supervisores excessivamente grosseiros geravam desânimo. Quando esses problemas foram resolvidos, a produtividade imediatamente voltou ao normal. Você consegue identificar quais teorias suportariam cada uma dessas decisões de Imhotep?

Este capítulo mostrou como criar um plano de projeto abrangente, com todas as regras do jogo para facilitar sua adequada execução. Também falamos sobre como lidar com o elemento humano dos projetos, talvez o desafio mais difícil para o gerente. No próximo capítulo, colocaremos todo esse planejamento em execução, mostrando as técnicas de controle de projeto e como este deve ser encerrado corretamente.

6

Da execução ao encerramento – a hora de jogar

Depois das regras do jogo definidas, é chegada a hora de jogar! Neste capítulo, vamos conhecer as fases de execução, controle e encerramento dos projetos e como deve ser a nossa atuação em cada uma delas para que possamos tentar vencer o jogo.

Há uma particularidade nesse jogo: não existe empate. Quando falamos de gerenciar projetos, ou ganhamos ou perdemos. Independentemente do resultado final do jogo, é importante que os procedimentos utilizados sejam documentados para que futuros jogos similares possam se valer das experiências já vividas.

Esse é o momento de colocar em prática o que planejamos em prol de atingir os objetivos que esperamos. E para que esses objetivos sejam atingidos, devemos nos preocupar em verificar se o que está sendo executado está acontecendo de acordo com o planejado, atuando o mais rapidamente possível no caso de não estar.

Vocês já devem ter ouvido falar da lei de Murphy, que diz que se alguma coisa pode dar errado, dará. E mais, dará errado da pior maneira, no pior momento e de modo que cause o maior dano possível. Em gerenciamento de projetos, podemos dizer que é chegado o momento de não deixar Murphy atuar nos objetivos definidos.

Fase de execução do projeto

No jargão utilizado em planejamento, a execução é o momento de sair do papel e ir para a prática. É nesse momento que se efetua tudo aquilo que foi previsto no planejamento e, por isso, é a etapa mais delicada do processo de gerenciamento de projetos. É nesse momento que colocamos em prática o que foi planejado e que os problemas e percalços naturais começam a surgir.

A fase de execução está apoiada em uma base previamente definida de planejamento, orçamentação e controle de projetos. Como falamos, é preciso fazer acontecer tudo aquilo que foi planejado: o gerenciamento, a implantação, a aquisição de recursos materiais e humanos, a materialização dos componentes físicos, a garantia de qualidade e a avaliação do desempenho.

Essa fase caracteriza-se por um forte trabalho em equipe, focalizado em cumprimento de prazos, metas, qualidade etc. É a hora de entrarem em cena os chamados "operacionais", isto é, aqueles encarregados da execução de tarefas. Muitas vezes, os executores de tarefas nem mesmo fazem parte da equipe; entretanto o gerente deve fazer a coordenação geral e, se preciso, contatar os gerentes funcionais de forma a garantir a execução do projeto na ponta.

É interessante observar que qualquer erro cometido na fase de planejamento torna-se evidente na fase de execução e impacta diretamente os objetivos do projeto, motivo pelo qual essa é uma fase crítica. A seguir, vamos conhecer atividades que são comumente realizadas nessa fase.

Execução da reunião de partida (kickoff meeting)

A finalidade da reunião de partida é notificar formalmente todos os *stakeholders* de que o projeto começou, e certificar-se de que todos tenham uma compreensão de suas funções (papéis) e responsabilidades. Essa é uma boa oportunidade para juntar todos os envolvidos e, formalmente, anunciar o começo dos trabalhos.

Essa é uma chance, que talvez não ocorra novamente no futuro, de passar uma boa impressão do gerente e do projeto. É nesse momento que serão estabelecidas as expectativas. Se a reunião for desorganizada, caótica ou um desperdício de tempo, os participantes provavelmente carregarão essa percepção também para o projeto. O gerente necessita certificar-se de que está adequadamente preparado para a reunião e, antes da reunião, deve falar com o patrocinador para se certificar de que ambos concordam com a maneira como a reunião será realizada.

Como toda reunião, ela deve ter uma pauta. Imhotep criou a seguinte pauta para a reunião de partida do projeto Tumba do Faraó:

- ❑ introdução das pessoas na reunião;
- ❑ apresentação do projeto;
- ❑ definição e discussão sobre os papéis e responsabilidades;
- ❑ cronograma do projeto;
- ❑ espaço para dúvidas e sugestões.

Criação de um sistema de autorização de trabalho

Segundo o PMI (2013a), um sistema de autorização do trabalho é um procedimento formal para sancionar o trabalho do projeto com o objetivo de assegurar que ele seja feito no tempo certo e na sequência adequada. Tipicamente, é utilizado o mecanismo de uma autorização escrita para começar as atividades (no nível de uma atividade específica ou de um pacote de trabalho).

Essa prática é muito importante para que o gerente possa garantir que somente as atividades dos pacotes de trabalhos do projeto sejam executadas por sua equipe. Entretanto, é importante que haja um equilíbrio entre o benefício do controle conseguido e o respectivo custo. Por exemplo, em muitos empreendimentos de pequeno porte, basta uma autorização verbal do trabalho. Em outros, a autorização pode ser via e-mail ou via software de projeto.

No quadro 42 podemos ver o formulário de autorização de trabalho criado por Imhotep.

Quadro 42

Autorização de trabalho do projeto Tumba do Faraó

Atividade:	Pacote de trabalho:
Responsável pela execução:	
Descrição:	
Data de início:	Data de término:

Execução da reunião de acompanhamento (follow-up meeting)

As reuniões de acompanhamento devem ocorrer com uma frequência preestabelecida ou de forma extraordinária, se for identificado, no de correr das atividades, algum ponto de risco que demande uma medida corretiva ou tomada de decisão.

As informações dos documentos de controle devem necessariamente embasar essas reuniões, considerando sempre o previsto *versus* o realizado no que tange a cronograma, custos e desenvolvimento. As medidas corretivas devem ser comunicadas a todos os envolvidos.

O projeto de Imhotep é gigantesco e não seria recomendável que ele tentasse controlar tudo com o mesmo rigor. Sendo assim, com base no cronograma, ele se preocupou em ficar atento e garantir condições necessárias para o melhor desenvolvimento das seguintes atividades:

- atividades críticas (aquelas que não possuem folga no cronograma);
- atividades que representam "gargalos", ou seja, se atrasarem comprometerão um sem-número de atividades subsequentes que dependem de sua conclusão;
- atividades responsáveis por custos altos (como as desempenhadas por terceiros);
- atividades que são conclusivas para etapas ou entregas parciais.

Essa é uma prática bastante utilizada em projetos de grande porte. Entretanto o gerente deve tomar cuidado para que os executores das demais atividades que não foram elencadas nos itens aqui mencionados não percam a motivação por acharem que elas não são tão importantes para o projeto.

Gerenciamento de conflitos

Conflitos são uma consequência inevitável de interações entre pessoas. No entanto, os conflitos devem ser visualizados como benéficos e devem ser resolvidos identificando-se as causas e resolvendo-se os problemas por meio das pessoas envolvidas.

As principais fontes de conflito em projeto são o cronograma, as prioridades, os recursos necessários, os problemas técnicos, os procedimentos administrativos, os custos e as personalidades diferentes.

O gerenciamento de conflitos não os elimina, mas algumas ações podem ser tomadas para minimizá-los. Por exemplo:

- manter a equipe informada sobre quem são os principais *stakeholders* e quais são os objetivos do projeto;
- manter a equipe informada sobre todas as decisões principais relativas ao projeto;
- designar as tarefas sem ambiguidade e com responsabilidades bem-definidas;
- fazer com que o trabalho seja interessante e desafiador.

Existem algumas técnicas, que veremos a seguir, utilizadas para a resolução de conflitos:

- *força* (forcing) – essa técnica consiste em uma das partes forçar a outra a aceitar seu ponto de vista, na maioria das vezes pela via da influência de poder de uma parte sobre a outra. Não é, nem de longe, a mais recomendada, por ser de caráter imperativo. Entretanto, em situações de emergência nas quais não há tempo para uma discussão sobre o assunto, pode ser uma saída para o gerente do projeto;
- *panos quentes* (smoothing) – prioriza a busca de um acordo entre as partes envolvidas mais do que propriamente a resolução do conflito em si. Procura-se, nesse caso, minimizar as diferenças entre as partes, fazendo com que essas diferenças pareçam secundárias. Entretanto, o conflito poderá voltar a surgir, tendo em vista que a técnica o subestima em detrimento do acordo;
- *compromisso ou negociação* (compromise) – indicada quando há uma tendência de cada uma das partes a abrir mão. Sendo assim, busca-se uma solução que satisfaça um pouco a cada uma das partes envolvidas. A técnica pode ser utilizada quando a resolução do conflito significa que uma das partes perderá muito em detrimento da outra;

- *solução de problemas ou colaboração* (problem solving) – consiste em colocar os envolvidos frente a frente, de modo que identifiquem qual a causa-raiz do problema e, assim, possam solucionar o conflito consensualmente. O PMI considera essa a melhor técnica;
- *retirada* (withdrawal) – consiste em conviver com o problema sem preocupar-se com ele, ao menos aparentemente, postergando indefinidamente sua resolução. O gerente de projetos que utiliza essa técnica torce para que, com o tempo, uma das partes desista do conflito. Na maioria das vezes a técnica resolve apenas momentaneamente o conflito, uma vez que ele poderá reaparecer posteriormente.

O quadro 43 mostra um resumo das técnicas apresentadas e seus efeitos para o projeto.

Quadro 43

TÉCNICAS DE RESOLUÇÃO DE CONFLITOS

Técnica	Estilo de solução	Resultado
Retirada	Temporário	Perde-perde
Panos quentes	Temporário	Perde-perde
Compromisso	Permanente	Perde-perde
Solução de problemas	Permanente	Ganha-ganha
Força	Permanente	Ganha-perde

O relatório de desempenho (status report)

O relatório de desempenho, também chamado de relatório de *status*, tem a função de manter os *stakeholders* informados sobre o andamento do projeto. Ele permite a formalização do estágio de desenvolvimento dos trabalhos em determinado instante do tempo. Nele enviamos informações sobre como estão sendo executadas as atividades previstas no plano do projeto.

É importante que consigamos manter o foco na confecção desse relatório, de forma que as informações nele contidas possam ser usadas no processo de tomada de decisão. Uma ótima maneira de conseguir isso é perguntando aos membros da equipe e a você mesmo se as informações ali contidas estão realmente comunicando algo de valor ou estão apenas ocupando espaço no relatório.

Tipicamente, o relatório de desempenho deve focalizar os seguintes tópicos:

- realizações em relação ao plano de trabalho;
- comentários sobre trabalhos que deveriam estar concluídos, mas estão atrasados;
- problemas encontrados, impacto consequente e o que está sendo feito para resolvê-los;
- solicitações de mudança de escopo;
- novos riscos identificados.

Se você mantiver o foco nas informações desse tipo, descobrirá que elas são significativas e podem ser usadas como insumos para gerenciar o projeto ou para manter os *stakeholders* informados. Se, entretanto, você relatar eventos triviais do período em questão, as pessoas não se sentirão motivadas a ler o relatório e deixarão de dar atenção a seu conteúdo.

No quadro 44 temos o *template* criado por Imhotep para o relatório de desempenho do seu projeto.

Pelo que vimos, na fase de execução o gerente estará bastante ocupado em enviar e receber informações sobre o andamento do projeto. Entretanto ele deve também se preocupar com o gerenciamento da equipe, para que ela possa fazer o trabalho definido no planejamento. Esse gerenciamento consiste na avaliação do desempenho dos membros da equipe, na obtenção de senso de grupo e motivação, na resolução dos conflitos que surgirem e na garantia do provimento dos recursos necessários para que as atividades possam ser executadas.

Quadro 44

Relatório de acompanhamento

Relatório de acompanhamento nº xyz do projeto Tumba do Faraó	
	Período do acompanhamento: xx/xx/xx a xx/xx/xx
Resumo gerencial:	
Controle das atividades:	
Atividades em andamento:	Atividades realizadas:
Próximos passos:	
Controle de riscos:	
Controle de problemas:	

Processos de controle do projeto

Controle consiste no acompanhamento geral de todo o projeto, o que requer a medição dos progressos na direção dos objetivos propostos e adoção de ações corretivas para eventuais desvios identificados.

O controle é uma função gerencial que implica estabelecer padrões de desempenho, elaborar e aplicar técnicas de monitoramento e decidir ações corretivas. Essa fase ocorre de maneira simultânea à execução e monitora tudo aquilo que está sendo realizado em relação ao que foi planejado. O intuito do controle é tomar ações corretivas de modo a reconduzir o projeto à trajetória inicialmente delineada.

O ciclo de controle

Cleland (1999) define um ciclo de controle composto por quatro passos necessários para um efetivo controle dos projetos, como pode ser visto na figura 41.

Figura 41
CICLO DE CONTROLE

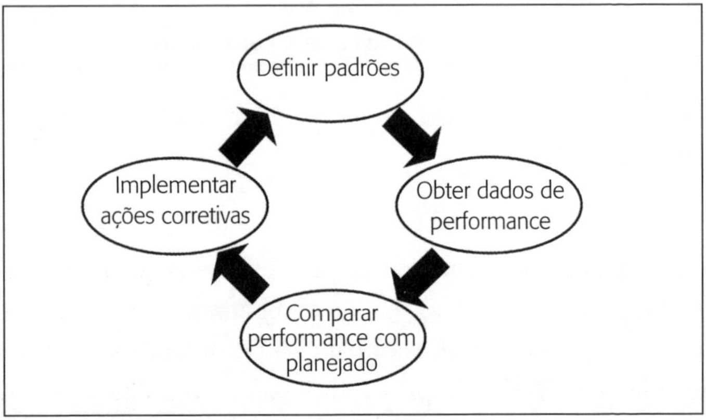

Fonte: Adaptada de Cleland (1999).

A *definição de padrões* traduz as expectativas em relação ao projeto com base no plano definido. Essas expectativas são relativas aos custos, cronograma, escopo, objetivos e estratégias do projeto. Chamamos esses padrões de linha de base (*baseline*) do projeto.

A *obtenção de dados de performance* consiste no recebimento de dados consistentes e suficientes sobre a situação atual do projeto. O relatório de performance é a maior fonte geradora desses dados.

A *comparação da performance com o planejado* consiste em verificar se existem desvios em relação ao planejado e, em caso positivo, determinar qual foi o fator gerador desse desvio e que ações deverão ser tomadas para que esses desvios sejam eliminados. Uma das ferramentas mais comuns e efetivas nesta comparação é a análise do valor agregado (EVM – *earned value management*), que abordaremos na próxima seção deste capítulo.

A *implementação de ações corretivas* tem por objetivo atuar no sentido de eliminar os desvios previamente identificados. Alguns exemplos de ações corretivas são o replanejamento e a realocação de recursos.

Entendendo a análise do valor agregado (EVM – earned value analysis)

Como falamos, EVM é uma técnica utilizada para fazer a comparação da performance do projeto com o que foi planejado. Ela é uma das formas mais recomendadas de controle em projetos, pois oferece uma ampla visão dos desvios existentes, tanto de custo como de prazo, utilizando como base as informações de custo.

Seu foco está na relação entre custos reais incorridos e o trabalho realizado no projeto dentro de determinado período. O objetivo é comparar o quanto foi efetivamente gasto com o quanto foi efetivamente produzido (agregado), e não o quanto foi gasto com o quanto se esperava gastar.

Podemos, então, definir EVM como a avaliação entre o que foi obtido em relação ao que foi realmente gasto e ao que se planejava gastar, considerando que o valor a ser agregado inicialmente para uma atividade é o valor orçado para ela.

Vamos imaginar a seguinte situação: um projeto com cinco meses de duração e um orçamento de R$ 50 mil. Se o gasto fosse linear ao longo do tempo de duração do projeto, poderíamos dizer que o projeto iria consumir R$ 10 mil por mês. Até aí é matemática simples e pura.

Estamos agora no final do segundo mês do projeto e os gastos reais até este momento foram de R$ 15 mil. Poderíamos, então, concluir que economizamos R$ 5 mil, certo? Isso acontece porque comparamos os gastos efetivos do projeto com o quanto havíamos planejado para o período.

Com EVM, inserimos uma nova variável: o ganho físico real (também chamado de valor agregado). Suponhamos que os ganhos físicos até o segundo mês, identificados por meio de medição (que veremos mais adiante), tenham sido na ordem de R$ 10 mil (R$ 10 mil em atividades/produtos que foram entregues pelo projeto). Dessa forma, concluímos que:

- *o trabalho está atrasado*, já que deveríamos ter agregado nesse período R$ 15 mil em atividades/produtos entregues e só agregamos R$ 10 mil;
- *o orçamento foi ultrapassado*, já que o projeto consumiu R$ 15 mil para agregar somente R$ 10 mil em atividades/produtos, o que representa um aumento de custos de R$ 5 mil!

EVM atua com base em três variáveis do projeto: o valor planejado, o custo atual e o valor agregado. Vamos conhecer cada uma delas:

- *valor planejado* (PV – planned value) – o que estava planejado para acontecer no cronograma original até a data de *status* do projeto. Esse valor indica a parcela do orçamento que deveria ser gasta, considerando o custo da linha de base da atividade. Quando calculamos a soma dos valores orçados de todas as tarefas, passamos a ter o orçamento total do projeto (BAC – *budget at completion*);
- *custo atual* (AC – actual cost) – o esforço real gasto até a data de *status* do projeto, ou seja, quanto efetivamente gastamos naquilo que executamos. Esse valor mostra os custos reais (provenientes dos dados financeiros) decorrentes do trabalho já realizado;

- *valor agregado* (EV – earned value) – o que foi efetivamente realizado até a data de *status* do projeto, ou seja, quanto efetivamente executamos daquilo que planejamos. Esse valor indica a parcela do orçamento que deveria ser gasta, considerando-se o trabalho realizado até a data de *status* e o custo da linha de base para a atividade.

O grande "x" da questão está em como calcular o que foi efetivamente realizado em uma atividade, ou seja, seu valor agregado (EV). Existem algumas técnicas que podem ser utilizadas para esse cálculo e que apresentamos agora:

- *fórmula fixa* – essa técnica divide o trabalho em duas partes que, somadas, completam 100% do trabalho. O primeiro percentual é atribuído ao custo da tarefa quando ela se inicia e o segundo quando ela é concluída. As fórmulas mais utilizadas são 25/75, 50/50, 75/25 e 0/100. Exemplo: se uma atividade tem um PV de R$ 10 mil e estamos utilizando a fórmula 25/75, quando ela for iniciada, receberá 25% do seu EV total, ou seja, R$ 2.500. O restante do seu EV só será atribuído quando ela for concluída.
- *marcos com valores ponderados* – nessa técnica a atividade é convertida em dois ou mais marcos, sendo cada um deles definido por uma entrega parcial do trabalho, gerando um custo específico. Exemplo: se uma atividade tem um PV de R$ 12 mil e definimos que ela possui três marcos (entregas parciais), seu EV será R$ 4 mil na entrega do primeiro, R$ 8 mil na entrega do segundo marco e R$ 12 mil na entrega do terceiro e último marco da atividade.
- *percentual completo* – essa técnica atribui a cada atividade um determinado percentual completo (entre 0 e 100%) em cada ciclo de controle do projeto. Esse percentual é multiplicado pelo custo previsto da atividade com o objetivo de determinar a parcela do custo já realizada. Exemplo: se uma atividade

tem um PV de R$ 20 mil e, no momento do *status* do projeto, ela possui 40% de progresso (ferramentas de gerenciamento de projetos calculam esse percentual automaticamente de acordo com as datas de início e fim das atividades), seu EV será 40% de R$ 20 mil, ou seja, R$ 8 mil.

Análise do desempenho

Com base nas três variáveis apresentadas, podemos agora analisar como está o desempenho do projeto em um momento determinado:

- *variação de prazo* (SV – schedule variance) – representa a diferença entre o trabalho realmente produzido e o que estava orçado até a data do *status* (SV = EV – PV). Analisando os resultados possíveis temos: *SV = 0* (cronograma em dia), *SV > 0* (cronograma adiantado) e *SV < 0* (cronograma atrasado);
- *índice de performance de prazo* (SPI – schedule performance index) – representa a divisão entre o trabalho realmente produzido e o que estava orçado até a data do *status* (SPI = EV / PV). O resultado mostra a taxa de conversão do valor previsto em valor agregado. Analisando os resultados possíveis temos: *SPI = 1* (cronograma em dia), *SPI > 1* (percentual que estamos adiantados no cronograma) e *SV < 1* (percentual que estamos atrasados no cronograma);
- *variação de custo* (*CV* – cost variance) – representa a diferença entre o trabalho realmente produzido e o esforço realizado até a data do *status* (CV = EV – AC). Analisando os resultados possíveis temos: *CV = 0* (dentro do orçamento), *CV > 0* (abaixo do orçamento, gastamos menos do que estava previsto) e *CV < 0* (estouro de orçamento);
- *índice de performance de custo* (*CPI* – cost performance index) – representa a divisão entre o trabalho realmente produzido

e o esforço realizado até a data do *status* (CPI = EV / AC). O resultado mostra a taxa de conversão dos valores reais consumidos pelo projeto em valor agregado. Analisando os resultados possíveis temos: *CPI = 1* (dentro do orçamento), *CPI > 1* (percentual que gastamos a menos no orçamento) e *CPI < 1* (percentual que gastamos a mais no orçamento);

- *índice de desempenho de custos de recuperação* (*TCPI* – to complete performance index) – representa o índice de desempenho de custo futuro que deve ser produzido para recuperar o CPI realizado até o momento, de modo a projetar um índice de desempenho de custos final igual ao orçamento original. Esse índice é calculado pela divisão do trabalho restante (BAC – EV) pela verba restante (BAC – AC). Exemplificando: se com 50% dos custos orçados já incorridos, o projeto apresentar um CPI de 0,5, será necessário que os outros 50% do orçamento produzam um valor agregado tal que gere um TCPI = 1,5, para que o CPI final seja igual a 1. Sendo assim, podemos constatar que um TCPI excessivamente alto mostra a inviabilidade do cumprimento do orçamento original de um projeto.

Análise de previsões

Outra análise muito interessante que podemos fazer com a utilização de EVM é a previsão futura do projeto, também chamada de análise de tendências. Podemos fazer projeções de duração e de custo para um projeto, como veremos a seguir.

Previsões de duração para o projeto

Para que possamos fazer uma previsão de quanto tempo um projeto poderá atrasar ou adiantar a partir da data de *status*, partimos da duração planejada (PAC – *plan at completion*) para o projeto. Ao dividirmos o PAC pelo SPI, teremos a duração estimada (TAC – *time to completion*) naquele momento. O adiantamento/atraso na conclusão (DAC – *delay at completion*) é o resultado da subtração da duração planejada (PAC) pela duração estimada (TAC). Se o DAC for negativo, ele estará informando quanto teremos de atraso; se for positivo, quanto teremos de adiantamento.

Previsões de custos para o projeto

Para que possamos estimar o custo final do projeto e sua variação em relação ao planejado, temos:

- *estimativa na conclusão* (EAC – estimate at completion) – representa, até o momento, o custo final estimado do projeto, quando de sua conclusão. Ele sempre será igual à soma do que já gastamos (*AC*) com o quanto ainda gastaremos (ETC – *estimate to complete*). Existem duas formas de calcularmos o EAC:
  - abordagem utilizada quando as variações correntes são vistas como atípicas e a expectativa é que não se repetirão no futuro: *EAC = AC + (BAC – EV)*;
  - abordagem utilizada quando o desempenho passado revela que as premissas da estimativa original eram imperfeitas ou que não são mais relevantes devido a mudanças nas condições atuais, ou, ainda, quando as variações correntes são vistas como típicas para variações futuras, ou seja, se repetirão: *EAC = AC + ((BAC – EV) / CPI)*;
- *variação na conclusão* (VAC – variance at completion) – representa a diferença entre o custo final planejado e o custo final previsto do projeto até o momento. Ou seja, *VAC = BAC – EAC*. Se quisermos obter essa diferença em níveis percentuais, basta calcularmos *BAC / EAC*.

Conclusões sobre EVM

Diante do que vimos, podemos concluir que EVM disponibiliza um sistema de controle gerencial unificado confiável, que propicia a integração de trabalho, prazos e custos. Imhotep não perdeu tempo: criou um gráfico mostrando todas as variáveis EVM para apresentar ao faraó (figura 42).

Figura 42
Evolução dos indicadores

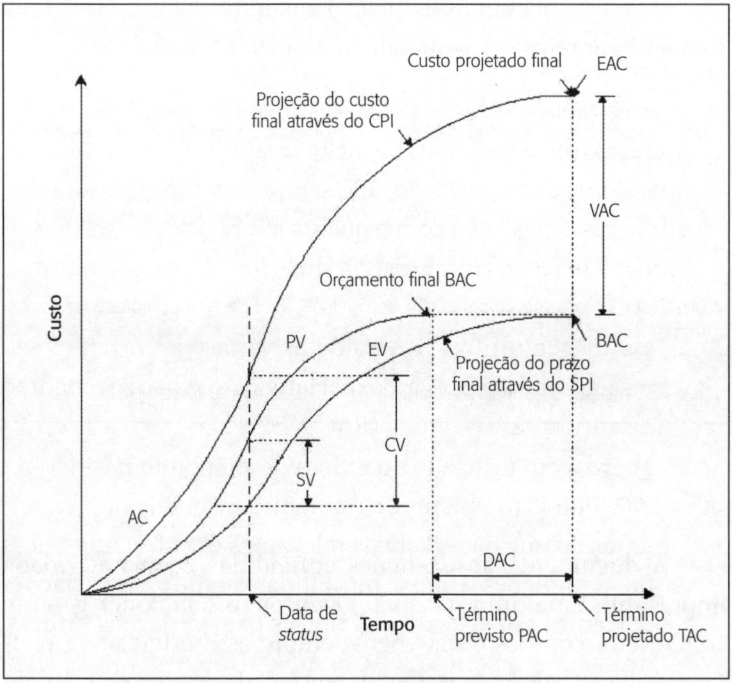

E, já sabendo que o faraó faria várias perguntas sobre EVM, criou o quadro 45.

Quadro 45
PERGUNTAS SOBRE EVM

Perguntas	Como EVM resolve
Como estamos com o nosso cronograma?	SV (*schedule variance*)
Com que eficiência estamos utilizando o nosso tempo?	SPI (*schedule performance index*)
Qual a previsão de término do projeto?	TAC (*time at completion*)
Como estamos com o nosso orçamento?	CV (*cost variance*)
Com que eficiência estamos utilizando nossos recursos?	CPI (*cost performance index*)
Com que eficiência devemos utilizar os recursos restantes?	TCPI (*to complete performance index*)
Qual a previsão de custo total para o projeto?	EAC (*cost estimate at completion*)
Como estará o orçamento na conclusão do projeto?	VAC (*variance at completion*)
Qual será o custo do trabalho restante?	ETC (*estimate to complete*)

Lições aprendidas

A documentação de lições aprendidas é uma atividade importantíssima durante qualquer projeto. Qualquer gerente concordará com isso, mas nem sempre essa atividade é realmente executada com a devida seriedade. As pressões pelo cumprimento dos prazos e o sentimento de que se trata de uma perda de tempo são indutores da não utilização dessa importante ferramenta.

Trata-se de muito mais do que um simples documento para cumprir a formalidade do projeto. A documentação de lições aprendidas contém as informações que permitirão que os erros passados não se repitam e os acertos possam ser feitos novamente. Por isso, é importante registrar tanto as boas quanto as más experiências do projeto. Esses registros ajudarão a moldar as atividades e controles dos empreendimentos futuros.

É importante que o gerente de projeto tome a iniciativa de criar uma documentação de lições aprendidas que seja:

- útil – se a informação não ajudará a empresa, equipe e gerente nos próximos projetos, provavelmente não vale a pena registrá-la;
- prática – a forma de registro deve ser simples, ou a burocracia tornará difícil o acompanhamento das lições aprendidas;
- compreensível – é importante que o gerente lembre que as informações são para todos e, portanto, não deve cometer o erro de documentar as informações de uma forma que somente ele compreenda.

A lição aprendida nasce de um desvio do planejado, que pode ser positivo (por exemplo, uma economia de custo ou de prazo) ou negativo (alguma atividade que não aconteceu conforme o planejado). No caso do desvio negativo, uma ação corretiva será executada e o resultado deverá ser analisado. Ambos os desvios devem ser registrados e constituem o registro de lições aprendidas.

Como vimos, a importância da documentação das lições aprendidas é um fato. Cabe ao gerente de projeto definir a melhor forma de criá-la e fazer bom uso das informações obtidas.

Uma ferramenta interessante para sumarizar as lições aprendidas no projeto é o mapa mental. Imhotep montou, em reunião com sua equipe, o mapa mental apresentado na figura 43.

Figura 43

MAPA MENTAL DE LIÇÕES APRENDIDAS

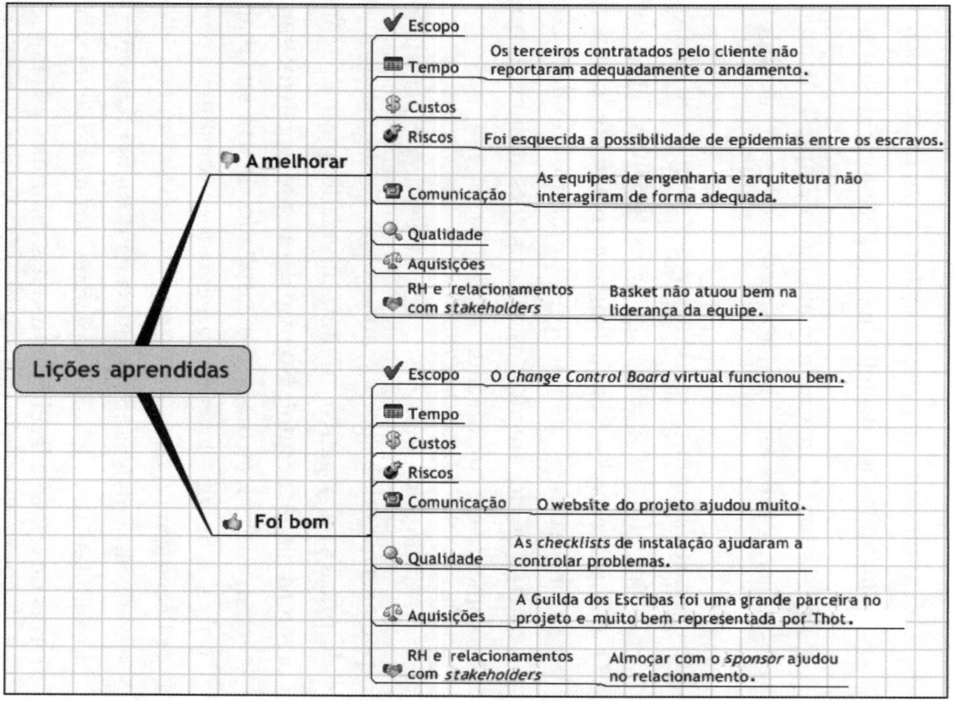

Encerramento do projeto – o fim do jogo

Essa é a última fase do ciclo de vida de um projeto. Nela, os beneficiários das melhorias pretendidas são preparados para assumir adequadamente a manutenção e garantir sua sustentabilidade. A oportunidade do encerramento deve ser utilizada para sistematizar toda a documentação e submetê-la aos *stakeholders*, de forma a possibilitar uma avaliação final e identificação dos erros que ocorreram, para que eles possam ser doravante evitados.

Como falamos no início deste capítulo, os projetos normalmente são encerrados por duas razões: sucesso ou fracasso. Para medirmos se um empreendimento obteve sucesso ou fracasso devemos analisar se ele atingiu seus objetivos de custo e cronograma, e se o produto gerado foi aceito com satisfação pelo cliente.

Razões para o encerramento de um projeto

Existem alguns motivos que resultam no encerramento de um projeto:

- o resultado do projeto foi entregue para o cliente conforme o que foi solicitado – esse é o motivo que todos os gerentes buscam. Foi o caso de nosso amigo Imhotep;
- o projeto ultrapassou os objetivos de orçamento e de cronograma previstos – nesse caso, o fato deverá ser levado ao patrocinador, que tomará a decisão de encerrar ou continuar com o empreendimento;
- a estratégia do cliente em relação ao projeto mudou – esse motivo transcende os objetivos do projeto e nada se tem a fazer. O cliente mudou de ideia em relação ao produto desejado. Imaginem que Ramsés XIII resolva ser cremado e

não querer mais a tumba. Se isso acontecer, o projeto será encerrado;

- perda do patrocinador – nesse caso, o projeto só terá chances de continuidade se um novo patrocinador aparecer. Caso contrário, fim de jogo;
- ocorreram mudanças no ambiente que influenciam negativamente a continuidade do projeto – situações externas negativas aconteceram e, por conseguinte, ele deve ser finalizado. Imaginem que Ramsés XIII tenha descoberto a fórmula do elixir da vida eterna. O que vai acontecer com o projeto de construção da tumba?;
- o projeto perdeu prioridade em relação a outros empreendimentos da organização – esse motivo acontece muitas vezes nas organizações. Uma tentativa de continuidade do projeto, embora de difícil execução, é buscar obter novamente a prioridade. A esposa de Ramsés XIII exige que seja construída uma casa de banhos até o mês que vem; caso contrário, ela irá se separar do faraó. Fim da linha para o nosso projeto.

Ações para o encerramento do projeto

O objetivo desta seção é orientar sobre ações que devem ser tomadas para que se proceda ao encerramento do projeto:

- assegurar-se de que todos os *deliverables* do produto do projeto tenham sido entregues e aceitos pelo cliente;
- revisar o *status* de todos os contratos para verificar se todos os requerimentos foram satisfeitos. Falaremos mais sobre contratos a seguir, mas é importante frisar que se um projeto não encerrou todos os seus contratos, então ele ainda não está encerrado;
- trabalhar junto com a equipe na criação e divulgação de um plano de encerramento que vai fornecer auxílio para uma finalização ordenada de todos os elementos do projeto;

- notificar os *stakeholders* do encerramento do projeto;
- assegurar-se de que todas as questões financeiras tenham sido encerradas;
- auxiliar os membros da equipe a encontrar outro trabalho ou projeto;
- organizar toda a documentação do projeto;
- conduzir uma análise *post mortem* do projeto (abordaremos esse tópico com mais detalhes adiante).

O projeto só poderá ser considerado encerrado quando todas as pendências aqui citadas tiverem sido sanadas.

Encerramento dos contratos

Esse processo dá suporte para encerrar o projeto, pois envolve a confirmação de que todo o trabalho e as entregas foram aceitáveis, bem como os acertos financeiros finais e a conclusão do contrato, incluindo a resolução de todos os itens em aberto.

O encerramento aborda cada contrato aplicável ao projeto ou a uma de suas fases. Em projetos com várias fases, o prazo contratual pode aplicar-se somente a uma determinada fase. Nesse caso, só serão encerrados os contratos aplicáveis a essa fase.

Outras preocupações que devem ser consideradas pelo gerente são relativas às reclamações e aos termos e condições dos contratos. As reclamações não resolvidas podem estar sujeitas a processo judicial após o encerramento do instrumento contratual, e os termos e condições do contrato podem recomendar procedimentos específicos para seu encerramento.

Uma auditoria de aquisição é uma boa prática a ser utilizada durante o encerramento do contrato. Ela funciona como uma espécie de "lições aprendidas" do processo de contratação e tem o objetivo de fazer uma análise estruturada desse processo, com o intuito de identificar sucessos e fracassos que possam ser aplicáveis em outras aquisições do projeto em curso ou em futuros empreendimentos.

Encerramento por rescisão contratual

A rescisão contratual é um caso especial de encerramento do contrato e pode resultar de um acordo entre as partes (rescisão por comum acordo) ou de descumprimento das obrigações de uma das partes (rescisão unilateral). Os direitos e responsabilidades das partes no caso de uma rescisão estão incluídos em uma cláusula de término de vigência do contrato.

Com base nesses termos e condições do contrato, o contratante pode ter o direito de finalizar o contrato inteiro ou uma parte do projeto, por qualquer motivo ou conveniência, a qualquer momento. No entanto, com base nesses termos e condições do contrato, talvez o contratante precise compensar o contratado pelos seus preparativos e por qualquer trabalho terminado e aceito relacionado à parte finalizada do contrato.

Causas de rescisão unilateral de um contrato originada pelo contratante podem ser avanços tecnológicos, mudanças orçamentárias, interrupção das necessidades e priorização de outros fornecedores.

Causas de rescisão unilateral originada pelo contratado podem ser o não atendimento a alguma entrega programada e um ritmo de execução inadequado, que poderá colocar em risco entregas previstas no contrato.

Análise post mortem

A análise *post mortem* (APM) é uma técnica de gestão de conhecimento voltada para a revisão de projetos. Nela, os participantes identificam o que de bom e de ruim aconteceu.

Esse tipo de procedimento pode possibilitar aos membros de uma organização aprender com o que aconteceu de positivo no projeto, permitindo-lhes repetir os acertos em empreendimentos futuros e também aprender com aquilo que ocorreu de negativo, para evitar a repetição dos erros.

Além disso, a APM pode possibilitar ao grupo propor ações corretivas que permitirão à equipe consertar os problemas detectados. A APM, por si só, não é capaz de promover a gestão de conhecimento por completo, pois seu principal objetivo é explicitar o conhecimento sem se preocupar com maneiras mais aprimoradas de empacotamento deste e posterior disseminação, os quais são prerrogativas da gestão do conhecimento organizacional.

A APM pode ser dividida em dois tipos: *APM geral*, realizada ao final do projeto e *APM focada*, realizada a qualquer momento, cujo objetivo é estender e melhorar uma atividade específica.

A análise *post mortem* é conduzida por uma figura chamada de facilitador da revisão. A forma de condução de uma APM pode variar de acordo com o tamanho da organização, o número de participantes envolvidos e a meta estabelecida para a revisão. Para apoiar os facilitadores e os participantes da APM na explicitação do conhecimento, existem duas técnicas que podem ser utilizadas: o método KJ e o muito conhecido diagrama de Ishikawa ou "espinha de peixe".

O método KJ, proposto por Kawakita, consiste de quatro passos:

- *passo 1* – as informações relevantes sobre problema em questão são escritas em cartões de anotações. Cada cartão contém somente uma observação relacionada ao problema;
- *passo 2* – os cartões são agrupados por afinidades. Os grupos resultantes são destacados e recebem títulos, que são escritos em novos cartões;

- *passo 3* – os grupos são relacionados por meio de linhas e setas, revelando as inter-relações (causa e efeito, ordem de ocorrência etc.), surgindo o diagrama KJ;
- *passo 4* – o diagrama é explicado verbalmente, constituindo uma síntese dos dados observados. A explanação detalha os relacionamentos do diagrama de forma precisa e lógica.

Encerramento formal do projeto

O encerramento formal do projeto tem o objetivo de informar a todos os *stakeholders* seu término. Significa obter o aceite final dos produtos, confirmando que eles atingiram os requisitos solicitados pelos clientes.

Essa fase finaliza o projeto após a assinatura, pelo cliente, do aceite final, documento que só é assinado quando todas as pendências estão resolvidas. No quadro 46, o termo de aceite final do projeto Tumba do Faraó.

Quadro 46

Termo de aceite

Termo de aceite e encerramento do projeto
Conforme a proposta original, eu, o faraó Ramsés XIII, concordo que o projeto Tumba do Faraó foi concluído, com a execução de todas as fases e tarefas definidas no plano do projeto. Sendo assim, assino o presente termo, dando por encerradas todas as responsabilidades e atividades da Empreiteira Nilo, na figura do sr. Imhotep.
Assinatura: Sua Majestade, o Faraó Ramsés XIII 

Após o término do projeto, Ramsés XIII elogiou o trabalho de Imhotep e assinou o termo de aceite final. Em seguida, falou que gostaria que Imhotep fizesse outro projeto de construção de uma pirâmide para seu filho primogênito. Imhotep desmaiou...

Conclusão

Ao finalizar o estudo do conteúdo deste livro, esperamos que o leitor tenha tido uma visão ampla sobre gerenciamento de projetos, por meio dos conhecimentos, habilidades e conceitos que representam os fundamentos dessa atividade.

Nos seis capítulos, procuramos, por meio de uma linguagem simples, a exemplificação dos principais conceitos contidos no conjunto de conhecimentos sobre gerenciamento de projetos. Acompanhamos Imhotep desde seus primeiros contatos com um projeto até o encerramento da empreitada. Vimos Imhotep como um homem prático, de grande experiência pessoal, mas também percebemos que se trata de um estudioso que tem sede de aprender coisas novas para utilizar em seu dia a dia. O segredo de seu sucesso está na capacidade de continuamente absorver novas teorias e adaptá-las à sua realidade. A prática e a experiência, aliadas a outras características técnicas e pessoais, certamente se tornam elementos imprescindíveis para o exercício da profissão de gerente de projetos.

Os desafios para o gerenciamento de projetos nunca foram tão intensos. Mas esses mesmos desafios se materializam em novas oportunidades, e esperamos que este livro tenha proporcionado o conhecimento necessário para o estudo nessa importante área de conhecimento, e a partir daí um novo cenário de aplicações passe a estar disponível para os profissionais do futuro.

Com isso, esperamos que você obtenha os melhores resultados possíveis para si mesmo e para sua organização.

Boa sorte!

Apêndice

Na experiência dos autores e segundo Mendes (2006), muitas empresas adotam o que poderíamos chamar de duas estratégias extremas e opostas com relação a projetos. São elas:

- *ad hoc* – em que não há regras para gerenciamento de projetos. O planejamento é feito em paralelo à execução por meio de reuniões em que tarefas são distribuídas para serem entregues até a próxima reunião. Não há controles formais. Existem problemas graves de comunicação e retrabalhos frequentes. Praticamente não há aprendizado e os mesmos erros são cometidos várias e várias vezes;
- *comando e controle* – em que uma metodologia unificada é usada em todos os projetos, com formulários e regras padronizados. O gerente tem pouca liberdade para adaptar as regras às necessidades específicas do projeto. Praticamente, toda comunicação é burocrática e formal. O planejamento é uma fase separada da execução e, uma vez que entramos nessa última, qualquer mudança no planejamento é considerada ruim. O aprendizado só ocorre quando as regras são

unanimemente modificadas para todos os projetos. Melhorias para tipos específicos são perdidas por não poderem ser incorporadas na regra geral.

Na experiência dos autores deste livro, de forma geral nenhum desses tipos extremos funciona quando o critério é entregar o projeto dentro do prazo (o menor possível), dentro do custo (o menor possível) e com o cliente satisfeito.

Felizmente, existe um modelo intermediário que inspirou todo este livro. Trata-se do *Project Management Body of Knowledge* (PMBOK) publicado pelo Project Management Institute (PMI). O PMBOK não é uma metodologia nem exatamente um padrão para gerenciamento de projetos, mas um grupo de conselhos organizados por pessoas com larga experiência na área. Não é dogmático nem foi idealizado para ser usado na íntegra, sem qualquer adaptação. De fato, segundo o PMI, o PMBOK™ contém práticas que são *normalmente* aceitas, isto é *parecem* funcionar *na maioria dos projetos, na maior parte do tempo*, gerando um *quase* consenso entre os gerentes de projetos.

Algumas características do modelo do PMBOK são:

- em vez de uma metodologia única para todos os projetos, cada um deles deve ter um plano que defina as regras do jogo para aquele caso específico. Claro que devem existir modelos de planos que precisem ser adaptados apenas naquilo que o projeto tem de específico;
- embora o PMBOK reafirme a importância de que haja uma ênfase em planejamento antes da ênfase em execução, essas duas atividades não são estanques, mas uma pode ajudar a aperfeiçoar a outra. Isso pode ser observado na figura 44;
- todos os processos recomendados pelo PMBOK podem ser feitos com diferentes níveis de complexidade, dependendo das necessidades do projeto. Por exemplo, o processo de alteração de escopo pode ser um fluxo complexo e burocrá-

tico, que envolva um grande número de pessoas ou pode se resumir apenas a uma reunião de análise de impacto documentada por uma ata.

Figura 44

A ÊNFASE NOS GRUPOS DE PROCESSOS AO LONGO DO TEMPO

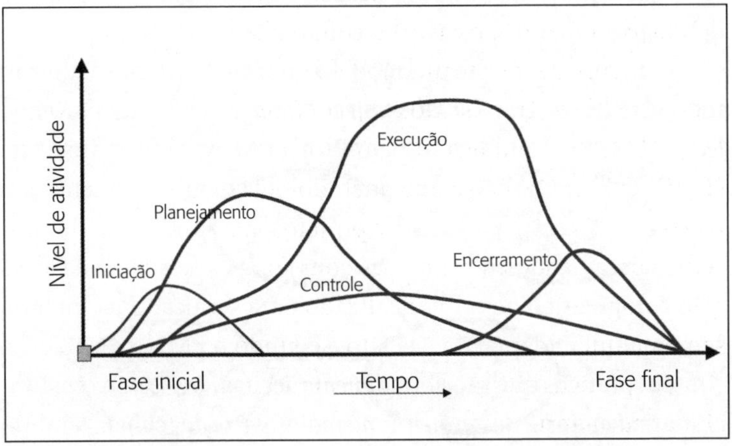

Os conselhos do PMBOK estão documentados em 44 processos simultaneamente classificados em cinco grupos de processos e 10 áreas de conhecimento.

Os cinco grupos (figura 45) estão descritos a seguir:

- *grupo de processos de iniciação* – define e autoriza o projeto ou uma de suas fases;
- *grupo de processos de planejamento* – define e refina os objetivos e planeja a ação necessária para alcançar os objetivos e o escopo para os quais o projeto foi concebido;
- *grupo de processos de execução* – integra pessoas e outros recursos para realizar o plano de gerenciamento para o projeto;
- *grupo de processos de monitoramento e controle* – mede e monitora regularmente o progresso para identificar variações

em relação ao plano de gerenciamento do projeto, de forma que possam ser tomadas, quando necessário, ações corretivas para atender aos objetivos definidos;

- *grupo de processos de encerramento* – formaliza a aceitação do produto, serviço ou resultado e conduz o projeto ou uma de suas fases, a um final ordenado.

Figura 45

Grupos de processos

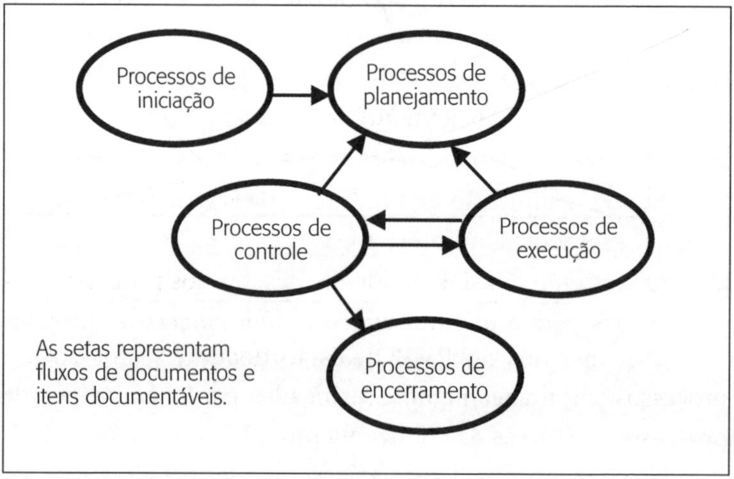

As 10 áreas de conhecimento a que nos referimos são:

- *gerenciamento de integração* – descreve os processos que integram os diversos elementos do gerenciamento de projetos, que são combinados, unificados e coordenados;
- *gerenciamento do escopo* – descreve os processos envolvidos na verificação de que o projeto inclui todo o trabalho necessário, e apenas o trabalho necessário;
- *gerenciamento de tempo* – descreve os processos relativos ao término do projeto no prazo correto;

- *gerenciamento de custos* – descreve os processos envolvidos em planejamento, estimativa, orçamentação e controle de custos;
- *gerenciamento da qualidade* – descreve os processos envolvidos na garantia de que o projeto irá satisfazer os objetivos para os quais foi realizado;
- *gerenciamento de recursos humanos* – descreve os processos que organizam e gerenciam a equipe;
- *gerenciamento das comunicações* – descreve os processos relativos à geração, coleta, disseminação, armazenamento e destinação das informações;
- *gerenciamento de riscos* – descreve os processos relativos à realização do gerenciamento de riscos;
- *gerenciamento de aquisições* – descreve os processos de compra ou aquisição de produtos ou serviços, além do gerenciamento de contratos;
- *gerenciamento dos* stakeholders – descreve os processos necessários para a identificação dos *stakeholders* do projeto, análise de suas expectativas e seu possível impacto sobre o projeto e define estratégias de como lidar com eles.

PMBOK versus capítulos do livro

Neste livro os autores se inspiraram no PMBOK (PMI, 2013a), mas não seguiram sua estrutura ponto a ponto. Devido à própria extensão do livro, há mais no PMBOK do que mostramos aqui. Recomendamos a você, leitor, que entre em contato com esse padrão, de forma a aprofundar seus conhecimentos em gerenciamento de projetos e guiar seus futuros estudos. De modo a facilitar esses estudos, foi criado o quadro 47 que mostra o mapeamento dos processos PMBOK (em seus grupos e áreas) nos capítulos deste livro.

Quadro 47
MAPEAMENTO PROCESSOS PMBOK *VERSUS* CAPÍTULOS DO LIVRO

Grupo	Área	Processo	Número	1	2	3	4	5	6
Iniciação	Integração	Desenvolver o termo de abertura do projeto	4.1	X					
Iniciação	*Stakeholders*	Identificar *stakeholders*	13.1				X		
Planejamento	Integração	Desenvolver o plano de gerenciamento do projeto	4.2					X	
Planejamento	Escopo	Planejar o gerenciamento do escopo	5.1					X	
Planejamento	Escopo	Definição do escopo	5.2	X					
Planejamento	Escopo	Criar EAP	5.3	X					
Planejamento	Tempo	Definição das atividades	6.1		X				
Planejamento	Tempo	Sequenciamento das atividades	6.2		X				
Planejamento	Tempo	Estimativa de recursos da atividade	6.3		X				
Planejamento	Tempo	Estimativa de duração da atividade	6.4		X				
Planejamento	Tempo	Desenvolvimento do cronograma	6.5		X				
Planejamento	Custos	Estimativa de custos	7.1			X			
Planejamento	Custos	Orçamentação	7.2			X			
Planejamento	Qualidade	Planejamento da qualidade	8.1				X	X	
Planejamento	RH	Planejamento dos recursos humanos	9.1	X				X	
Planejamento	Comunicações	Planejamento das comunicações	10.1			X		X	

Continua

Grupo	Área	Processo	Número	1	2	3	4	5	6
Planejamento	Risco	Planejamento do gerenciamento de riscos	11.1			X		X	
Planejamento	Risco	Identificação de riscos	11.2			X			
Planejamento	Risco	Análise qualitativa de riscos	11.3			X			
Planejamento	Risco	Análise quantitativa de riscos	11.4			X			
Planejamento	Risco	Planejamento de respostas a riscos	11.5			X			
Planejamento	Aquisições	Planejar compras e aquisições	12.1					X	
Planejamento	Aquisições	Planejar contratações	12.2					X	
Execução	Integração	Orientar e gerenciar a execução do projeto	4.4						X
Execução	Qualidade	Realizar a garantia de qualidade	8.2						X
Execução	RH	Contratar ou mobilizar a equipe do projeto	9.2					X	X
Execução	RH	Desenvolver a equipe do projeto	9.3					X	X
Execução	Comunicações	Distribuição das informações	10.2						X
Execução	Aquisições	Solicitar resposta dos fornecedores	12.3						X
Execução	Aquisições	Selecionar fornecedores	12.4						X
Controle	Integração	Monitorar e controlar o trabalho do projeto	4.5						X

Continua

Grupo	Área	Processo	Número	1	2	3	4	5	6
Controle	Integração	Controle integrado de mudanças	4.6						X
Controle	Escopo	Verificação do escopo	5.4						X
Controle	Escopo	Controle do escopo	5.5						X
Controle	Tempo	Controle do cronograma	6.6						X
Controle	Custos	Controle de custos	7.3						X
Controle	Qualidade	Realizar o controle da qualidade	8.3				X		X
Controle	RH	Gerenciar a equipe do projeto	9.4					X	X
Controle	Comunicações	Relatório de desempenho	10.3						X
Controle	Comunicações	Gerenciar as partes interessadas	10.4						X
Controle	Risco	Monitoramento e controle de riscos	11.6						X
Controle	Aquisições	Administração de contrato	12.5						X
Encerramento	Integração	Encerrar o projeto	4.7						X
Encerramento	Aquisições	Encerramento do contrato	12.6						X

Referências

BARCAUI, André et al. *Gerenciamento do tempo em projetos*. Rio de Janeiro: FGV, 2006.

BARKLEY, Bruce T.; SAYLOR, James H. *Customer-Driven Project Management*. Nova York: McGraw-Hill, 2001.

CLELAND, David I. *Project Management*: Strategic Design and Implementation. Nova York: McGraw-Hill, 1999.

DEMING, W. Edwards. *A nova economia*. Rio de Janeiro: Qualitymark, 1997.

GIUSTINA, Arlindo Della. *Gestão participativa para redução dos defeitos operacionais na indústria cerâmica*. 2001. Dissertação (mestrado) – Programa de Pós-Graduação em Engenharia de Produção, Universidade Federal de Santa Catarina, Criciúma, SC, 2001.

GOLDRATT, Eliyahu. *Corrente crítica*. São Paulo: Nobel, 1998.

KENDALL, Gerald; ROLLINS, Steven. *Advanced Project Portfolio Management and the PMO*. Boca Raton: J. Ross, 2003.

LEACH, Lawrence. *Critical Chain Project Management*. Boston: Artech House, 2000.

MENDES, João R. B. *Gerenciamento de projetos na visão de um gerente de projetos*. Rio de Janeiro: Ciência Moderna, 2006.

MEREDITH, Jack; MANTEL, Samuel. *Project Management*: A Managerial Approach. Nova York: John Willey & Sons, 2000.

PMI (PROJECT MANAGEMENT INSTITUTE). *Practice Standard for Work Breakdown Structure*. Newtown Square: PMI, 2006.

______. *A Guide to the Project Management Body of Knowledge (PMBOK guide)*. Newtown Square: PMI, 2013a.

______. *The Standard for Program Management*. Newtown Square: PMI, 2013b.

______. *The Standard for Portfolio Management*. Newtown Square:PMI, 2013c.

PMI/RJ (PROJECT MANAGEMENT INSTITUTE/SEÇÃO RIO DE JANEIRO). *Estudo de benchmarking em gerenciamento de projetos*: Brasil 2006. Rio de Janeiro: PMI/RJ, 2006.

ROSE, Kenneth. *Project Quality Management*. Fort Lauderdale, FL: J. Ross, 2005.

SOTILLE, Mauro Afonso et al. *Gerenciamento do escopo em projetos*. Rio de Janeiro: FGV, 2006.

VALLE, André Bittencourt do et al. *Fundamentos do gerenciamento de projetos*. Rio de Janeiro: FGV, 2007.

VERGARA, Sylvia Constant. *Gestão de pessoas*. 6. ed. São Paulo: Atlas, 2007.

XAVIER, Carlos Magno da Sila et al. *Metodologia de gerenciamento de projetos*: methodware. Rio de Janeiro: Brasport, 2005.

Os autores

João Ricardo Barroca Mendes

Mestre em engenharia pela Universidade Federal Fluminense (UFF), especialista formado no curso MBA em Management pela Fundação Getulio Vargas (FGV) e bacharel em informática pela UFF. É professor convidado da FGV. Atuou por muitos anos em TI, tendo ocupado cargos de liderança na indústria, como o de diretor de projetos. Autor do livro *Gerenciamento de projetos na visão de um gerente de projetos* e de artigos publicados. Possui a certificação Project Management Professional (PMP) e é membro do Project Management Institute. Realizou vários projetos em consultoria, como implantação de escritórios de projetos, elaboração de plano diretor de informática, planejamento e implementação estratégicos, entre outros.

André Bittencourt do Valle

Doutor em engenharia pela UFF Universidade Federal Fluminense (UFF), mestre em engenharia pela Pontifícia Universidade Católica do Rio de Janeiro (PUC-Rio) e engenheiro pela Universidade Federal do Rio de Janeiro (UFRJ). Professor convidado e coordenador acadêmico no FGV Management. Foi agraciado várias vezes com o prêmio FGV Management. Em 2001 foi o ganhador do prêmio Visa de Comércio Eletrônico e em 2000 foi agraciado com o prêmio Ibest. Foi secretário técnico da ISO e da ABNT e coordenador-geral da Escola Superior de Redes da RNP. Coautor de diversos livros, como *Fundamentos do gerenciamento de projetos*, *Sistemas de informações gerenciais em organizações de saúde*, *Gestão estratégica da tecnologia da informação* e *E-commerce*.

Marcantonio Fabra

Mestre em logística e graduado em informática pela Pontifícia Universidade Católica do Rio de Janeiro (PUC-Rio). *Master in project management* pela George Washington University e PMP pelo Project Management Institute, já acumula mais de 15 anos de experiência em gerenciamento de projetos, principalmente na montagem e no trabalho em escritórios voltados para projetos de tecnologia da informação. Atualmente atua como gerente de projetos de TI em uma empresa de telecomunicações. Com mais de 20 anos de experiência acadêmica, é professor convidado do FGV Management.